Die Deutsche Bibliothek – CIP-Einheitsaufnahme

Erfolgreicher Umgang mit schulmüden Jugendlichen und Schulverweigerern. Forschungsergebnisse und Empfehlungen für die schulische und sozialpädagogische Praxis. Bührmann, Thorsten, Paderborn/Freiburg, 2009
IN VIA Verlag
Reihe Praxisforschung in Bildung und Sozialer Arbeit

ISBN 978-3-9812641-0-4

Satz: Schlüter-Jeziorsky, Paderborn
Druck: Pape, 33142 Büren

Inhaltsverzeichnis

Einführung

Schulmüdigkeit und Schulverweigerung – eine Herausforderung für Schule, Schulsozialarbeit und Gesellschaft

Präventive Interventionsansätze zu entwickeln, die bei Kindern und Jugendlichen Schulmüdigkeit und Schulverweigerung verhindern und diese auf Dauer wirksam im System Schule zu implementieren, ist für alle Beteiligten eine permanente Herausforderung. Sowohl die Lehrkräfte an Schulen, als auch die Sozialarbeit und nicht zu vergessen das soziale Umfeld von schulmüden Kindern und Jugendlichen, ihre Erziehungsberechtigten und schließlich die Gesellschaft in Form von Schulpolitik und -verwaltung müssen sich dieser Herausforderung stellen, um gefährdeten Kindern und Jugendlichen Alternativen zu Karrieren von Schulverweigerung zu ermöglichen, damit sie ihre schulischen Ziele erreichen können.

Um das Phänomen Schulmüdigkeit und Schulverweigerung und die Arbeit in Projekten mit schulmüden Jugendlichen systematisch zu bearbeiten, wurde von der Sozialwissenschaftlichen Forschungsstelle, SoWiFo, die vorliegende Untersuchung mit dem Ziel durchgeführt, empirisch fundiert Hinweise für die pädagogische Praxis im Schulalltag geben zu können.

Das Forschungsprojekt ist auf dem Hintergrund entstanden, dass die schulbezogene Jugendsozialarbeit seit mehr als 30 Jahren mit Schulen kooperiert, um benachteiligte SchülerInnen in ihrem Lernprozess zu unterstützen. Dabei wurde in den letzten 15 Jahren zunehmend das Phänomen beobachtet, dass sich SchülerInnen aus dem schulischen System zurückziehen und das Lernen und zum Teil auch die Schule verweigern. Thimm geht davon aus, dass circa 20 % der SchülerInnen mit der Regelschule nicht zurecht kommen. Eindeutige Zahlen über schulmüde Jugendliche liegen jedoch nicht vor. Sowohl Thimm als auch Schreiber-Kittl schätzen jedoch, dass in jeder Klasse 10 % bis 15 % der SchülerInnen durchgängig schulmüde sind (vgl. Schreiber-Kittl 2001, S. 13; *www.familienhandbuch.de*).

Diese doch alarmierenden Forschungsbefunde haben IN VIA Deutschland dazu bewogen, das Forschungsprojekt zu Schulmüdigkeit und Schulverweigerung in Auftrag zu geben. Denn IN VIA ist einer der Verbände, die seit Jahren im Arbeitsfeld Schulsozialarbeit wirken und immer wieder Projekte mit Jugendlichen durchgeführt haben, die Schulprobleme gezeigt haben. Aber Projekte durchaus erfolgreich durchzuführen und damit betroffenen Jugendlichen bessere Chance zu geben, ihre Ziele zu erreichen oder besser gesagt sie dabei zu unterstützen sich überhaupt welche zu setzen, ist gut, aber noch nicht ausreichend. Denn jedes neue Projekt setzt auch wieder neu an, sucht sich und entwickelt geeignete Methoden zum Umgang mit schulmüden Jugendlichen, der Schule, den Eltern und dem Umfeld der Szenen der Gleichaltrigen und weiß häufig nicht, dass bereits ähnliche Ansätze erprobt worden sind. Erst wenn unterschiedliche Projekte mit ihren Herangehensweisen, ihren Chancen und Grenzen miteinander in Beziehung gesetzt werden, dann können fundierte Aussagen dazu gemacht werden, welche Ansätze Erfolg versprechen und welche Methoden des Umgangs mit Jugendlichen sinnvoll sind, weil sie diesen helfen, die Problemlagen zu bewältigen.

Die vorliegende Veröffentlichung verschafft dem/der LeserIn genau solch einen Einblick in die Arbeit gelungener Projekte und sie gibt konkrete Tipps für die pädagogische Arbeit im Kontext von Schulen.

Zunächst zu den Rahmenbedingungen, Inhalten und der systematischen Vorgehensweise der Untersuchung:

- Das Forschungsprojekt hatte eine Laufzeit von einem Jahr und wurde nach einer Verlängerung Ende Oktober 2008 abgeschlossen, um die Ergebnisse entsprechend für die pädagogische Praxis in Schule und Sozialarbeit aufzuarbeiten.
- Ziel des Projektes war es, Ansätze für die pädagogische Arbeit mit dem Problem Schulmüdigkeit und Schulverweigerung aus zu untersuchenden Projekten zu erkennen und Linien herauszuarbeiten, welche die pädagogische Arbeit fundieren helfen und zum Gelingen ihrer pädagogischen Interventionen und Strategien beitragen.
- Dazu wurden die Forschungsmethoden der Dokumentenanalyse und der qualitativen Befragung angewendet. Untersucht wurden rund 30 Projekte der schulbezogenen Jugendsozialarbeit. Die erstellten Projektmaterialien wurden gesichtet und Fachliteratur ausgewertet. Umfangreiche Befragungen mittels Leitfadeninterviews folgten.

Befragt worden sind 25 Schüler und Schülerinnen mit Hilfe eines biographisch orientierten Interviewleitfadens. Ziel der Befragung war es, Anhaltspunkte zu entdecken, die das Phänomen Schulmüdigkeit auslösen. Eine andere Perspektive als die der SchülerInnen selbst konnte mit der Befragung von fünf LehrerInnen gewonnen werden. Denn bei diesen Interviews konnte die Institution Schule als relevanter Faktor für Schulmüdigkeit unter die Lupe genommen werden. Weil sich die Untersuchung im Wesentlichen auf die Projekte bezogen hat, die mit Schulverweigerern arbeiten bzw. gearbeitet haben, war es nur konsequent, dass im Schwerpunkt sozialpädagogische Fachkräfte, teils telefonisch, teils direkt auf die Erfahrungen in den Projekten hin befragt worden sind (insgesamt 15 Interviews).

Durch dieses Vorgehen im Forschungsprojekt ist es gelungen, die Problemlage Schulmüdigkeit multiperspektivisch zu erfassen.

Die Perspektive der schulmüden Jugendlichen und ihrer Peers spielt dabei eine besondere Rolle, weil diese Jugendlichen schließlich die ExpertInnen ihres eigenen Lebens sind. In ihrem aktuellen Leben schien es für sie sinnvoll zu sein, die Schule nicht zu besuchen. Man kann sagen, dass Schulverweigerung in dieser Optik für die Jugendlichen bestimmte Probleme gelöst hat. Dass sie sich damit ganz andere eingehandelt haben, steht erst einmal auf einem anderen Blatt. Denn auf längere Sicht wird das Verweigern selbst zum Problem, weil es schließlich zur gesellschaftlichen Exklusion der Jugendlichen führt, wenn man eine Schulverweigerer-Karriere zu Ende denkt. Nicht zu unterschätzen sind die Einflüsse, welche die Gleichaltrigen in diesem Kontext ausüben. Wenn die Peers das deviante Verhalten stützen, dann ist es wahrscheinlicher, dass sich Verweigerung ausprägt, stützen sie es nicht, dann sind die Normalisierungschancen höher. Die Rolle der Peers lässt sich jedenfalls sehr gut aus den Interviews herausarbeiten, so dass daraus Handlungsempfehlungen für die pädagogische Praxis abgeleitet werden können. Schließlich war aus der Befragung der LehrerInnen, aber auch der SozialarbeiterInnen die Rolle der Schule herauszuarbeiten, die das Verhalten der jugendlichen Schulverweigerer beeinflusst, denn das System selbst, aber auch die handelnden LehrerInnen und SozialpädagogInnen sind nicht nur ohnmächtig. Die Ergebnisse zeigen, dass es gute Ansätze in den Schulen gibt, die in die pädagogische Praxis übernommen werden sollten.

Interessant und von anderen Studien wenig beleuchtet ist die Rolle, die das Elternhaus im Zusammenhang mit Schulmüdigkeit und Schulverweigerung spielt. Sicher besteht an dieser Stelle weiterer Forschungsbedarf, aber es können bereits erste Ansatzmöglichkeiten vorgestellt und diskutiert werden.

Dr. Birgit Marx
Leiterin Sozialwissenschaftliche Forschungsstelle - SoWiFo

1. Schulverweigerung, Schulmüdigkeit und Schulabsentismus – das Problem im Überblick

1.1 Zum Begriff und Phänomen: Was heißt „Schulverweigerung"?

> „Ich bin mal zur Schule gegangen und mal nicht. Wenn ich z. B. morgens noch voll müde war, hab ich mich einfach umgedreht und hab weiter geschlafen... Besonders an den Tagen, die ich gehasst habe, wenn da Deutsch, Mathe, Englisch in einem durch war."
>
> (Schüler)

Dieses typische Zitat eines schulverweigernden Schülers macht sehr gut deutlich, worum es im Kern geht: Zunächst einmal um das längerfristige und wiederholte Fernbleiben vom Unterricht ohne ausreichende Begründung. Dies wird sowohl in der Fachliteratur als auch in der Alltagssprache häufig als Schuschwänzen bezeichnet. Ein solches, Schule meidendes Verhalten kann sich vom Fehlen einzelner Stunden und Tage bis hin zu einer längeren Abwesenheit erstrecken. Die Häufigkeit und die Dauer der Nicht-Teilnahme am Unterricht führen zu Differenzierungen in unterschiedliche Stadien, die Karlheinz Thimm (2008, S. 2; 2000, S. 162f.), der den Begriff der Schulverweigerung in der deutschen Diskussion maßgeblich geprägt hat, z. B. folgendermaßen unterteilt:

- Gelegenheitsschwänzen von Stunden oder Tagen, insbesondere von Eckstunden (erste oder letzte Unterrichtsstunde, Stunden vor bzw. nach Ausfallstunden) bei unbeliebten LehrerInnen und Fächern
- Regel-/Gewohnheitsschwänzen: häufigeres Tagesschwänzen
- Massiv-/Intensivschwänzen: Fernbleiben von mindestens zehn Tagen pro Schulhalbjahr

Über längere Zeit andauerndes Fernbleiben aus einem gesetzlich nicht vorgesehenen Grund - unabhängig davon, ob dies mit Wissen oder dem Einverständnis bzw. der Entschuldigung der Eltern erfolgt - lässt sich dann als Schulverweigerung bezeichnen. Schulverweigerung geht dabei aber noch weiter: Verweigerung umfasst nicht nur die Abwesenheit, sondern auch das Verweigern von Unterricht und Aufgaben bei gleichzeitiger Anwesenheit im Unterricht. Grundsätzlich wird in diesem Zusammenhang häufig auch von einer „Nichtbeschulbarkeit" gesprochen. Wichtig ist in diesem Zusammenhang die Unterscheidung und Beachtung unterschiedlicher Verhaltensweisen bei den schulverweigernden SchülerInnen (vgl. Schreiber-Kittl/Schröpfer 2002, S. 38f.):

> „Ab und zu hab ich mir ein Bier mit zur Schule genommen... Ich habe dann das Bier in die Tasche gestellt und immer, wenn der Lehrer sich umgedreht hat, einen getrunken."
> (Schüler)

Zum einen gibt es Formen der *aktiven Schulverweigerung:* Hierbei handelt es sich um Kinder und Jugendliche, die unentschuldigt wiederholt, regelmäßig bzw. dauerhaft der Schulpflicht nicht nachkommen. Aber auch die massive Störung des Unterrichtsablaufs zählt hierzu, sowie provokative Regelübertretungen und Leistungsverweigerungen bis hin zu aggressiven Verhaltensweisen gegenüber der Lehrperson. Die SchülerInnen sind in diesem Fall zwar physisch im Unterricht präsent, verweigern jedoch die Teilnahme an demselbigen.

Zum anderen gibt es Formen der *passiven Schulverweigerung,* die meist lange Zeit im System Schule gar nicht wahrgenommen werden. Diese SchülerInnen sind ruhig und zurückgezogen, im Unterricht meist mental abwesend und fallen nur gelegentlich durch ihr „Träumen" oder das Nicht-Beantworten von Fragen und Aufgaben auf. Des Weiteren handelt es sich um SchülerInnen, die formal entschuldigt sind, aber inhaltlich nicht nachvollziehbar häufig im Unterricht fernbleiben.

> „Ich war schon regelmäßig in der Schule. Ich hab halt nur nicht aufgepasst, und mich nicht konzentriert. Mich interessiert das nicht so richtig. Ich bin immer mit den Gedanken wo anders, in der Freizeit."
> (Schüler)

Darüber hinaus lassen sich zahlreiche weitere Begriffe zur Beschreibung dieses Phänomens in den aktuellen Diskussionen auffinden (für einen Überblick vgl. Dunkake 2007):

- Schulmüdigkeit wird meist zur Charakterisierung der passiven Formen und des inneren Ausklinkens benutzt, Schulverdrossenheit für das punktuelle Stören.
- Begriffe wie Schulphobie, Trennungsangst (d. h. die Angst des Kindes, sich abseits der Bezugsperson zu bewegen) und Schulangst legen den Schwerpunkt auf psychische Wesensmerkmale, Schulabwesenheit wird hier als Ausdruck einer Krankheit verstanden (psychologisch-medizinische Sichtweise).

- Eine weitere Sonderform stellt das Zurückhalten der Jugendlichen vom Schulbesuch durch die Eltern dar. In diesem Fall basiert das Schulschwänzen nicht auf der Initiative des Kindes, sondern auf dem Wunsch der Eltern. Eine häufige Variante ist die eigenmächtige Vorverlegung oder Verlängerung der Schulferien. Schwerwiegende Fälle sind eine grundsätzliche Ablehnung der Schule gegenüber und damit verbundene Untersagung des Schulbesuchs, häufig ein Problem der kulturellen Divergenz. Weitere Ursachen des Zurückhaltens können psychische oder physische Misshandlungen des Kindes sein, dessen Merkmale (z.B. körperliche Verletzungen) durch das Schulverbot verdeckt werden sollen.

Als Oberbegriff für all diese unterschiedlichen Konnotationen wird schließlich von Schulabsentismus (Schulabwesenheit) gesprochen. Im Rahmen dieser Handreichung verwenden wir den Begriff der Schulverweigerung, da dieser in der Praxis geläufiger ist. Wir meinen damit jene Zielgruppe, deren Ausstieg aus der Schule bereits gravierende Verfestigungen erfahren hat. Es geht also nicht mehr nur um sporadisches Schwänzen, sondern um längeres Fernbleiben vom Unterricht bzw. die kontinuierliche aktive oder passive Wiedersetzung der schulischen Leistungsanforderung. Dabei werden neben der physischen Abwesenheit zudem Formen der psychischen Abwesenheit mit in den Blick genommen.

1.2 Allgemeine Daten und Fakten: Welche aktuelle Bedeutung hat dieses Thema?

Gehäufte Schulversäumnisse führen in der Regel zu sinkenden Schulleistungen und oft zu fehlenden Schulabschlüssen. Massive Schulverweigerung führt damit in vielen Fällen zu sozialer Desintegration und zum Scheitern der beruflichen Einmündung. Gravierend ist zudem, dass massives Schulschwänzen als „Risikomarker“ für Jugenddelinquenz gilt, d.h. den Einstieg in eine kriminelle Karriere begünstigen kann.

> „In Europa verlassen viel zu viele junge Menschen das Bildungssystem, ohne über die Kenntnisse und Fähigkeiten zu verfügen, die sie zur Teilhabe an der Wissensgesellschaft und für einen reibungslosen Übergang zum Erwerbsleben benötigen. Sie laufen Gefahr, sozial ausgegrenzt zu werden, und sind schon im jungen Alter praktisch vom lebenslangen Lernen ausgeschlossen.“ (Kommission der Europäischen Gemeinschaften 2007, S. 6)

So begehen Schulverweigerer eher Straftaten, wie Diebstähle, Sachbeschädigung oder Drogendelikte als SchülerInnen, die regelmäßig die Schule besuchen (Frings 2007; Wilmers u.a. 2002).

Schulverweigerung steht damit zu Recht derzeit im Fokus vieler öffentlicher und schulpolitischer Diskussionen. Es handelt sich um ein seit langem beobachtetes Grundproblem des schulischen Systems, das weit über die nationalen Grenzen hinaus reicht. Trotz der gesteigerten Bemühungen und Projektinitiativen der letzten Jahre besteht nach wie vor ein großer Handlungsbedarf, so das Ergebnis des gemeinsamen Fortschrittsberichts 2008 des Europäischen Rates und der Kommission über die Umsetzung des Arbeitsprogramms „Allgemeine und berufliche Bildung 2010“. So haben beispielsweise laut Bildungsbericht 2006 (S. 52, 67, 82, 252) in Deutschland 7,9 % der SchülerInnen, das sind rund 76.000 junge Menschen, die allgemein bildende Schule ohne Abschluss verlassen, fast 15 % der 20- bis 29-Jährigen haben keinen Ausbildungsabschluss und zählen zu den „Ungelernten“.

Wie viele Jugendliche allerdings tatsächlich schulmüde sind und regelmäßig die Schule schwänzen lässt sich nicht eindeutig sagen. Es gibt bundesweit kein repräsentatives oder vollständiges Datenmaterial über Schulversäumnisse schulpflichtiger Kinder und Jugendlicher, welches die systematische Erfassung, Auswertung und vor allem einen Vergleich der Daten ermöglicht. Es liegen zwar inzwischen eine ganze Reihe an regionalen Studien und Erhebungen vor, allerdings wird Schulverweigerung jeweils unterschiedlich definiert, gemessen und erhoben. Dadurch liegen derart unterschiedliche Quoten vor, dass eine verallgemeinernde Mittelwertbildung irreführend wäre. Dennoch belegen alle bisherigen Studien die grundsätzliche Problematik. Dies soll exemplarisch an einigen Ergebnissen verdeutlicht werden (für weiterführende Überblicke siehe Ricking u. a. 2009; Schreiber-Kittl/Schröpfer 2002; S. 40ff.; Weiß 2007):

- Mit der PISA-Studie 2000 liegt eine national repräsentative Erhebung von 15-jährigen Jugendlichen bzw. Jugendlichen aus den neunten Klassen vor. Danach beträgt der Anteil der SchülerInnen, die in einem Zeitraum von zwei Wochen vor der Befragung einzelne Schulstunden geschwänzt haben, in den alten Bundesländern 13 %, in den neuen Bundesländern knapp 11 % (Weißbrodt 2007).
- Bedeutsam sind auch die Untersuchungen des Kriminologischen Forschungsinstituts Niedersachsens (KFN) (z. B. Brettfeld u.a. 2003; Wilmers u.a. 2002): Im Rahmen einer Befragung von LehrerInnen wurden Informationen von SchülerInnen aus den Städten Hamburg,

Hannover, Leipzig München und der Region Friesland gesammelt. Gefragt wurde einerseits nach der Anzahl der abwesenden SchülerInnen und andererseits nach einer Einschätzung, welche dieser SchülerInnen die Schule schwänzen. Nach Angaben der LehrerInnen fehlten am Stichtag etwa 13 % der HauptschülerInnen, davon wurden etwa 3 % als SchulschwänzerInnen identifiziert. An den integrierten Haupt-/Realschulen lag die Quote bei 8 % / 1 %, bei den Gesamtschulen bei 11 % / 2 %, bei den Gymnasien bei 5 % / 0,3 %. Zusätzlich fand eine Schülerbefragung hinsichtlich „häufigen Schulschwänzens" (fünf und mehr unentschuldigte Fehltage in den letzten sechs Monaten) statt. Auch hier wiesen die Hauptschulen mit knapp 24 % die höchsten Schwänzquoten auf.

- Eine Kompletterfassung auf der Grundlage der Klassenbucheinträge wurde in Berlin von der „Landeskommission Berlin gegen Gewalt" initiiert (Landeskommission Berlin gegen Gewalt 2004). In der Untersuchung wurde nicht zwischen entschuldigtem und unentschuldigtem Fehlen unterschieden. Es zeigt sich, dass im Untersuchungszeitraum (2. Schulhalbjahr 2001/2002) der Anteil der versäumten Unterrichtstage in allen allgemeinbildenden Schulen bei rund 4 % lag. Aufgeschlüsselt nach Schulformen ergibt sich folgendes Bild: Etwa 19 % der HauptschülerInnen versäumten mehr als 20 Tage und damit mindestens 20 % des Unterrichts. An Realschulen lag die Quote bei 4 %, an Gesamtschulen bei 7 %, an Gymnasien bei 2 %.
- Eine Befragung von insgesamt 1.824 SchülerInnen Kölner Schulen im Alter von 12 bis 17 Jahren (achte bis zehnte Klasse) ergab folgende Ergebnisse (Wagner u.a. 2004; vgl. auch Schreiber-Kittl/Schröpfer 2002, S. 52ff.): Gut ein Drittel der befragten SchülerInnen (35 %) gibt an, bereits ganz- oder mehrtägig geschwänzt zu haben. 8 % haben im vergangenen Jahr der Schule regelmäßig den Rücken gekehrt, d. h. sie sind häufiger als fünfmal unentschuldigt der Schule ferngeblieben. Der Anteil der HauptschülerInnen ist mit 15 % am höchsten, an Realschulen (6 %) und Gymnasien (5 %) lag die Quote deutlich darunter. Vertieft wurden die Ergebnisse im Rahmen einer 2003 durchgeführten Umfrage von KlassenlehrerInnen aller Kölner Hauptschulen (Weiß 2007).
- Die für Rostock repräsentative Befragung im Jahre 1999 verdeutlicht die große Diskrepanz zwischen SchülerInnen- und LehrerInnenaussagen und -wahrnehmungen des Problems (Wetzels u.a. 2000; vgl. auch Schreiber-Kittl/Schröpfer 2002, S. 57ff.:

selbst berichtetes Schulschwänzen im letzten Halbjahr (ca. 90 Unterrichtstage)	
nie	65,7%
1 Tag	15,5%
2-4 Tage	8,7%
5-10 Tage	6,4%
mehr als 10 Tage	3,7%
Rostocker Schülerbefragung 1999	

Von den befragten SchülerInnen (1.662 auswertbare Fragebögen) gaben rund 34 % an, im letzten Schulhalbjahr schon einmal geschwänzt zu haben, gut 10 % mehr als fünf Tage. Der Vergleich mit den Angaben der Lehrkräfte zeigt, wie weit die Größenordnungen auseinander klaffen: GymnasiallehrerInnen beispielsweise gingen von rund 5 % ihrer SchülerInnen aus, die geschwänzt haben, tatsächlich waren es jedoch fast sechsmal so viel, nämlich rund 28 %. Ein ähnliches Bild zeigt sich an den Gesamtschulen: Während die Lehrkräfte von etwa 16 % SchwänzerInnen ausgehen, waren es nach den Selbstberichten der SchülerInnen mit 37 % mehr als doppelt so viel.

1.3 Aufbau der eigenen Studie: Wie sind wir vorgegangen?

Im Rahmen der eigenen Studie ging es nun nicht darum weitere statistische Kennzahlen zu generieren, vielmehr stand eine ergänzende qualitative Betrachtung des Phänomens im Vordergrund. Auf Basis der vorhandenen Ergebnisse erfolgte eine Analyse besonders erfolgreicher Projekte und Schulen. Wichtig ist dabei gewesen, dass es sich um verstetigte und in den pädagogischen Alltag langfristig eingebundene Angebote handelt - im Gegensatz zu kurzfristig hoch finanzierten Modellprojekten.

Hierdurch sollte sichergestellt werden, dass insbesondere solche Ansätze für diese Handreichung herausgearbeitet werden, die auch in der Breite ein- und umsetzbar sind. Leitend sind hierfür folgende Fragen gewesen:

- Welchen Beitrag leisten die Projekte und Ansätze für den Erfolg im Umgang mit dem Problem Schulverweigerung und Schulmüdigkeit?
- Welche Ansätze und Methoden haben sich bewährt?
- Welche Rahmenbedingungen sind notwendig? etc.

Vor dem Hintergrund dieser Fragen wurden die Materialien von rund 30 Projekten analysiert und schließlich ausführliche qualitative Leitfadeninterviews mit insgesamt 20 pädagogischen Fachkräften und Lehrkräften von einzelnen Projekten und Schulen geführt, um so die pädagogische Realität „jenseits" der offiziellen Projektdokumentationen zu erfassen. Zusätzlich wurden biographisch orientierte Leitfadeninterviews mit 25 SchülerInnen geführt, um so auch die subjektive Sicht der direkt Betroffenen mit zu erfassen.

Analysierte Projekte und Schulen sind u. a. gewesen (Auswahl):

- Start off / Kolping Paderborn
- Wasserwaage / IN VIA Paderborn
- Motivia / IN VIA Aachen
- Handwerkerinnenhaus Köln e.V.
- Apeiros / Wuppertal
- Friedrich-Wilhelm-Weber Schule / Steinheim (FS)
- Hefner-Alteneck-Schule / Aschaffenburg (GS/HS)
- Gerhard-Hauptmann Schule / Freiburg (GS/HS/Werkrealschule)
- Richard-von-Weizsäcker Berufskolleg / Paderborn

Die hieraus gewonnenen empirischen Ergebnisse, abgeleiteten Indikatoren und Handlungsempfehlungen wurden schließlich im Rahmen von zwei Fachtagungen an die befragten Personen zurückgespiegelt und mit insgesamt 120 Fachkräften aus Schule und Jugendhilfe diskutiert. Die in diesen Tagungen neu gewonnenen Erkenntnisse wurden aufgenommen und in diese Handreichung mit eingearbeitet.

Zur Veranschaulichung werden in dieser Handreichung eine ganze Reihe von Originalaussagen eingebunden. Diese stammen, soweit nicht anders angegeben, aus den empirischen Erhebungen und inhaltsanalytischen Auswertungen der Interviews. Sie haben jeweils einen exemplarischen Charakter.

1.4 Auslöser und Anlässe: Wann tritt Schulverweigerung auf?

Häufig wird Schulmüdigkeit und Schulverweigerung erst dann wahrgenommen, wenn die gehäuften Schulversäumnisse in den Klassen 8 und 9 ansteigen. Betrachtet man jedoch die Biografie der SchülerInnen genauer, so wird deutlich, dass diese jungen Menschen mit hoher Wahrscheinlichkeit bereits in der Grundschule auffällig geworden sind allerdings ohne, dass es von den Lehrkräften in besonderer Weise zur Kenntnis genommen worden ist (vgl. auch Michel 2007, S. 22). Das Problem liegt darin begründet, dass in der Grundschule selten aktiv geschwänzt wird: Kinder unter 10 Jahren akzeptieren noch stärker als ältere Jugendliche die Autorität des Elternhauses und der Schule, sie trauen sich (noch) nicht der Schule fernzubleiben. Hier zeigen sich daher eher passive Formen der Schulverweigerung, es handelt sich um so genannte „Ausstiege auf leisen Sohlen".

Übergang in die weiterführende Schule als markante Schwelle

Der Übergang von der Grund- in die weiterführende Schule ist dann die erste markante Schwelle in der Schulkarriere der Kinder. Bereits zu erkennende Probleme können sich verstärken, da die Kinder bei diesem Übergang große Veränderungen bewältigen müssen. Sie kommen in ein neues Klassengefüge und in aller Regel auch in eine andere Schule, die neuen Lehrkräfte und MitschülerInnen sind oft fremd. Es ergeben sich zudem neue, höhere Leistungsanforderungen und es kommen neue und fremde Fächer hinzu. Dazu kommt der im Vorfeld des Übergangs entstehende Leistungsdruck, der meist durch die LehrerInnen und Eltern aufgebaut wird, wenn es um die Entscheidung geht, welche Schulform im Anschluss an die Grundschule besucht werden soll. Befindlichkeitsstörungen wie z.B. Aufregung, Einschlafstörungen oder Kopfschmerzen sind hier keine Seltenheit (vgl. Häfner 2008).

> „Ich kannte dort niemanden, auch die Lehrer nicht... Ich habe dann gar nichts mehr gesagt, weil die mich immer ausgelacht haben. Dann bin ich krank geworden und dann wollte ich nicht mehr hin."
> (Schülerin)

Sehr häufig kündigt sich Schulverweigerung dann mit einzelnen Fehlstunden an. Die Verweigerung richtet sich meist gegen ein bestimmtes Unterrichtsfach bzw. gegen eine bestimmte Lehrperson. Oft sind es auch nur Eckstunden, erste oder letzte Unterrichtsstunden oder Stunden vor bzw. nach Ausfallstunden. Dieses Verhalten kann wieder verschwinden oder sich verfestigen – auf jeden Fall ist dies ein erstes Signal.

Wahrgenommenes Einstiegsalter liegt zwischen 12 und 14 Jahren

Als Haupteinstiegsalter wird in vielen Studien und auch bei den von uns befragten LehrerInnen das 12. bis 14. Lebensjahr angegeben, in dem dann massive Formen aktiver Schulverweigerung auftreten. Allerdings sind auch SchülerInnen, die bis zu ihrem 15. Lebensjahr noch keine Verweigerungstendenzen zeigen, „teilweise" gefährdet der Schule fern zu bleiben: In diesem Alter beginnt noch fast jede(r) Vierte, die Schule zu schwänzen (vgl. Schreiber-Kittl/Schröpfer 2002, S. 124f.).

> „Es tritt mit der Pubertät auf, Ende der 6., Anfang der 7. Klasse. In der 8. Klasse hat es so ziemlich seinen Höhepunkt. Dann trauen sich die Schüler ganz weg zu bleiben. Mehr und mehr."
>
> (Lehrer)

Bruch in der Biografie als Auslöser

Sowohl die Auswertung der vorliegenden Studien als auch die eigenen Befragungsergebnisse zeigen, dass es dabei immer ein auslösendes Moment, einen Bruch in der Biografie des Jugendlichen gab, der ihn aus der Bahn geworfen hat: „Man konnte schon sehen, da war irgendwann ein Bruch in der Biografie, sei es Grundschule, sei es irgendein Schulwechsel. Sei es in irgendeiner Klasse... Das kann auch der Tod des geliebten Großvaters sein, der den Schüler aus der Bahn geworfen hat, in dessen Folge sich nicht ausreichend um das Kind gekümmert wurde. ... da fängt das an, sei es erst mit schlechten Noten oder gleich mit der Schulschwänzerei." (Pädagoge)

Eine genauere Analyse dieses „Bruchs" lässt deutlich werden, dass Schulverweigerung kein individuelles Problem oder gar eine psychische Störung oder zwangsläufig eine Lernbehinderung des Schülers darstellt, wie manche LehrerInnen annehmen. Die Prozesse einer zunehmenden Abkehr von der Schule werden vielmehr durch krisenhafte Entwicklungen in einem komplexen Konstellationsgefüge verursacht. Die Kinder und Jugendlichen erleben vielfältige Brüche und Instabilitäten, sowohl in ihren Bildungsbiografien als auch in ihrem persönlichen Umfeld. Im Unterschied zu anderen SchülerInnen sind sie hiermit meist überfordert und können auf keine geeigneten Bewältigungsstrategien zurückgreifen. Was jedoch für Erwachsene oft unverständlich und unlogisch erscheint, ist für die betreffenden Kinder und Jugendlichen, für die eigene Person psychologisch und subjektiv durchaus sinnvoll und erfolgreich (vgl. auch Mutzeck u.a. 2004, S.7).

1.5 Intervention und Prävention: Welches sind zentrale Einflussgrößen und Ansatzpunkte?

In der Literatur wird in diesem Zusammenhang von sog. Multiproblemlagen gesprochen, d. h. wir haben es mit einer komplexen Wechselwirkung unterschiedlicher Faktoren zu tun. Diese liegen sowohl in der Persönlichkeit der/des Jugendlichen selbst begründet, aber auch in ihrem/seinem sozialen Umfeld:

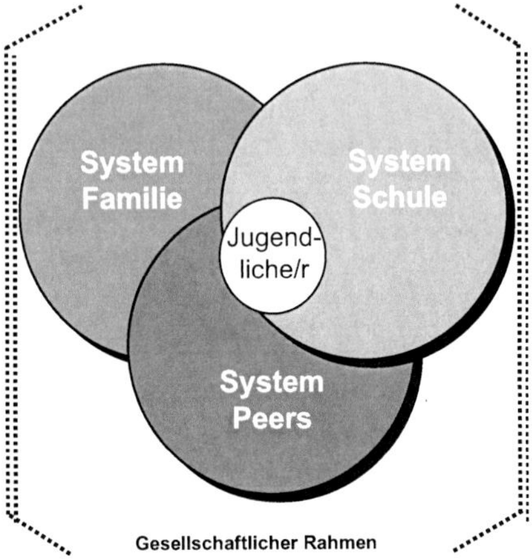

Dieser Prozess besitzt ein hohes Maß an Eigendynamik, er muss als zirkulärer, sich selbst verstärkenden Prozess gesehen werden. Es gibt dabei nicht den „typischen" Verlauf der Schulverweigerung oder das „typische" Profil eines Schulverweigerers bzw. einer Schulverweigerin. Das Problem lässt sich auch nicht linear aus einer einzigen Ursache (z. B. einem zerrütteten Elternhaus) heraus erklären und lösen, sondern muss immer im Kontext der in der Grafik dargestellten Einflussgrößen betrachtet werden. Erfolgreiche Präventions- und Interventionsansätze zeichnen sich dadurch aus, dass sie zeitgleich und aufeinander abgestimmt in den unterschiedlichen Teilsystemen ansetzen. Beschränken sich die Bemühungen auf nur eines dieser Teilsysteme (z. B. Elternhilfe), so können diese noch so umfangreich sein, sie werden i.d.R. zu keinem Erfolg führen. Damit wird schließlich die Vernetzung und Kooperation der unterschiedlichen Akteure in den einzelnen Teilsystemen zu einem weiteren konkreten Ansatzpunkt.

Im Folgenden werden diese Teilsysteme nun genauer betrachtet: Zum einen werden die Risikofaktoren, die Schulverweigerung begünstigen, dargestellt. Zum anderen werden erfolgreiche und bewährte Arbeitsansätze dargestellt, um schließlich konkrete Handlungsanregungen für die schulische und sozialpädagogische Praxis formulieren zu können.

2. Das Teilsystem Familie im Kontext von Schulverweigerung – Risikofaktoren und praktische Handlungsempfehlungen

2.1 Risikofaktoren im System Familie

„Wir haben sehr viele Probleme daheim. Mein Vater ist alkoholabhängig, meine Mutter hat 7 Kinder auf die Welt gebracht. Ich streite mich oft mit meiner großen Schwester... Morgens hab ich dann sehr viel Stress, den ich sofort regeln will."
(Schüler)

Das Zitat macht deutlich: Es gibt eine Vielzahl von andauernden Risikofaktoren, die im familiären Umfeld der Jugendlichen begründet sind. Davon abzugrenzen sind konkrete Auslöser, auf die schließlich der/die Jugendliche mit schulverweigerndem Verhalten reagiert. Schule verweigerndes Handeln ist dann subjektiv ein problemlösendes Handeln und eine zunächst sinnvolle erscheinende Antwort auf die Probleme im familiären Kontext.

Im pädagogischen Alltag wird vielfach eine recht vereinfachende Ursachenzuschreibung vorgenommen: Desolate Familienverhältnisse, die sich meist in sozial schwachen und benachteiligten Familien finden lassen, werden als Hauptursache und Erklärung für die Schulverweigerung angeführt. Darunter fallen z. B.

- der sozioökonomische Status: Arbeitslosigkeit, geringes Einkommen usw.
- die (sehr hohe) Anzahl der Kinder
- desolate und unstete Wohnverhältnisse: überfüllte Wohnungen, häufige Umzüge, Wohnungen in Stadtteilen mit hoher Delinquenzbelastung
- Alkohol- bzw. Drogenmissbrauch
- familiäre Zerrüttung: andauernder Ehestress, Trennung oder Scheidung
- schwierige Migrationsbiografien, insbesondere gravierende Sprachprobleme

Auch wenn SchulverweigererInnen tatsächlich überdurchschnittlich stark aus sozial schwachen und benachteiligten Familien kommen (vgl. Ricking 2003, S. 140ff.) und zahlreiche Studien den Zusammenhang zwischen diesen Merkmalen und der Schulverweigerung statistisch belegen, so ist dies dennoch nicht die eigentliche Ursache. Schulverweigerung kommt vielmehr in allen sozialen Milieus und familiären Konstellationen vor. Es hängt vor allem davon ab, wie der/die Jugendliche diese Situation wahrnimmt und erlebt: Inwieweit erlebt er/sie Unterstützung und Interesse? Inwieweit erlebt er/sie Orientierung und verlässliche Regeln? Und zugleich: Inwieweit hat er/sie das Gefühl, einen eigenen Freiraum zu haben? Diese zentralen Einflussgrößen der subjektiven Wahrnehmung werden im Folgenden ausführlicher dargestellt.

2.1.1 Geringer sozialer Rückhalt

> „Mir hätte es geholfen, wenn ich mehr Unterstützung von meinen Eltern bekommen hätte, damit es nicht so weit gekommen wäre. Am meisten von meinem Vater, der alkoholabhängig ist. Von den Lehrern hab ich ja Unterstützung."
> (Schülerin)

„In meiner Familie kann ich mich auf die anderen verlassen.", „Wenn ich sie brauche, dann sind meine Eltern für mich da.", „Wenn ich mich einmal schlecht fühle, kümmert sich meine Mutter besonders um mich." - diese Variablen zur Messung der emotionalen Bindung zwischen Eltern und Kind (vgl. Blanks u. a. 2003; Dunkake 2007, S. 120ff.) sind oft negativ ausgeprägt bei Schulverweigerern.

Auslöser für schulverweigerndes Verhalten ist häufig der Verlust der zentralen Bindungsperson in der Familie, wenn z. B. die ältere Schwester auszieht oder die Mutter stirbt, dies verdeutlicht sehr anschaulich folgender Bericht einer Schülerin: „Im ersten Jahr ging das mit dem Tod meiner Mutter noch, es war zwar ein Schock, aber ich hab es die meiste Zeit verdrängt. Im Jahr danach ist mein Vater abgestürzt, ist zum Alkoholiker geworden und hat sich nicht mehr um mich gekümmert. In dem Moment ist mir klar geworden, dass ich eigentlich gar keinen mehr habe, der sich um mich kümmert. Damit ging das dann los. Ich bin dann irgendwann zu Hause geblieben, um zu schauen, dass mein Vater sich nicht totsäuft. Ich musste mich ja um ihn kümmern." Können solche Ereignisse zudem im familiären System nicht adäquat aufgefangen werden, so führt dies häufig zu einer inneren Zerrissenheit bei den Jugendlichen: Die Jugendlichen fühlen sich auf der einen Seite überfordert, wollen auf der anderen Seite aber auch alleine mit ihren Problemen fertig werden und sich nicht mit anderen Menschen darüber auseinandersetzen. In Einzelfällen fühlen sie sich sogar verantwortlich für die Probleme bzw. dessen Lösung - Schule spielt dann verständlicherweise nur noch eine untergeordnete Rolle.

2.1.2 Desinteresse

> „Mein Vater hat nie was gesagt, ihm war das praktisch gesehen egal... Wenn meine Eltern schon früher ein Auge drauf gehabt hätten, wäre das alles nie so schlimm geworden."
> (Schüler)

Elterliches Desinteresse am Schulbesuch, am schulischen Lernfortschritt der Kinder oder eine aversive Haltung zur Schule sind ein weiterer Risikofaktor. Tolerieren, Ignorieren, Wegschauen der Eltern bzw. der Erziehungsberechtigten sind dann typische Verhaltensweisen im Kontext der Schulverweigerung.

Dies erfolgt aus ganz unterschiedlichen Motiven heraus: von Überforderung und Hilflosigkeit über Beschämung bis hin zur völligen Gleichgültigkeit - zur Veranschaulichung auch hier wieder eine entsprechende Aussage der Schülerin: „Zum Schulschwänzen hat geführt: ...Mein Alkoholiker-Vater, und dass er mir erlaubt hat zu Hause zu bleiben. Er meinte, er könne mich verstehen, er wäre ja schließlich auch Alkoholiker geworden." Manche Eltern betrachten schulverweigerndes Verhalten auch gar nicht als besonderes Problem: Die Schule hat im Unterschied zur existenziellen Versorgung der Familie keine herausragende Bedeutung im Leben, aufgrund eigener negativer Schulerfahrungen werden schulische Misserfolge und Frustrationen bagatellisiert oder die Schuld der Schule zugewiesen usw. Dies hat zur Folge, dass Schulschwänzen oftmals mit Kenntnis und Unterstützung der Eltern erfolgt. Was immer auch die Motive oder die konkreten Erscheinungsformen sind, die Wahrnehmung des Jugendlichen ist dabei immer dieselbe: Meine Eltern interessieren sich nicht für mich und mein Leben.

2.1.3 Fehlende Struktur, Konsequenz und Kontrolle

> „Wenn meine Mutter mich morgens vor die Tür gesetzt hat, hab ich so lange an der Tür geklopft bis sie mich wieder rein gelassen hat. Meine Mutter ... ist dann immer so hilflos. Ich habe da halt so meine eigene Welt."
> (Schülerin)

Eng damit verzahnt ist ein weiterer Risikofaktor: unzureichendes elterliches Kontrollverhalten oder aber wenn Eltern nichts vom problematischen Verhalten ihrer Kinder wissen (wenn z. B. Eltern morgens das Haus vor den Kindern verlassen). Genauso belastend wird von den Jugendlichen inkonsequentes bzw. willkürliches Verhalten erlebt:

Sie testen mit ihrem Verhalten immer wieder ihre Grenzen aus und sind selbst verunsichert, wenn sie Hilflosigkeit seitens der Eltern erleben und keine verlässlichen Grenzen für das soziale Zusammenleben gesetzt bekommen. Neben unbeabsichtigten Laisser-faire-Elementen erleben sie dann häufig auch das genaue Gegenteil: Drakonische Maßnahmen und Sanktionen, wie Taschengeldentzug, Hausarrest, Fernsehverbot, Strafarbeiten, Liebesentzug. Auch dies kommt wiederum als negative Beziehungsbotschaft bei dem/der Jugendlichen an, so die Erfahrung eines Projektmitarbeiters: „Ein Problem der Schüler ist auch, dass sie gar nicht wissen wann sie wie sanktioniert werden. Mal ist es den Eltern egal, wenn etwas passiert ist, ein anderes Mal gibt's für dasselbe dann Schläge. Sie können sich auf die Regeln im Elternhaus nicht verlassen... Konsequenz der Schüler: Denen ist doch .....egal was ich tue, die interessieren sich doch gar nicht für mich."

Dieses Ursachengefüge verdeutlicht die komplexe Problemlage im familiären System der Schulverweigerer. Es gibt quer durch die sozialen Schichten Orientierungslosigkeit und Hilflosigkeit von Eltern im Umgang mit ihren schulverweigernden Kindern – oder aber es haben sich in der Elterngeneration Tabuisierungsmechanismen gegenüber der Schule manifestiert, die in Folge unreflektiert an die Kindergeneration weitergereicht werden.

2.2 Ansatzpunkte und Handlungsempfehlungen im System Familie

> „Es müssen von vornherein Eterngespräche stattfinden. Wir fahren zu den Leuten nach Hause außerhalb der Schulzeit... und zeigen denen auch zu Hause die Perspektive auf, die sie durch den Schulabschluss haben."
>
> (Lehrer)

Die Eltern- und Familienarbeit wird damit zu einem wichtigen Bestandteil in der Arbeit mit Schulverweigerern, insbesondere auch deswegen, da die Eltern über die besondere Ressource der dichten sozialräumlichen Nähe zu ihrem Kind verfügen (Faltermeyer u. a. 2006, Bd. 5, S. 66f.; vgl. auch Schultz 2009): „Sie kennen in der Regel nicht nur die Faktoren für dessen äußere Befindlichkeit, sondern ebenso auch für dessen innere Befindlichkeit. Eltern wissen um die Entwicklung und die Veränderungsdynamiken für diese Befindlichkeiten - schon allein aufgrund von gemeinsam geteilten familienbiografischen Erfahrungen. Sie sind es, die das familiale Milieu, in dem das Kind aufgewachsen ist, als zentrale Akteure mitgestalten und dessen Entwicklung maßgeblich beeinflusst haben bzw. auch aktuell noch determinieren. Sie kennen die aktuell vorhandenen Rahmenbedingungen, unter denen die Familie lebt bzw.

leben muss, am besten, und auch deren Entwicklung - haben also in der Regel ein differenziertes Wissen darüber, wie es dazu gekommen ist, dass die Familie heute so lebt, wie sie lebt." Zudem bleiben die Eltern für die Jugendlichen trotz all der negativen Erfahrungen und Erlebnisse, wie sie in den Risikofaktoren beschrieben werden, fast immer die erste Bezugsgröße, wenn es um die eigene Handlungsorientierung geht.

Entsprechend hat sich auch bei den von uns untersuchten Projekten als zentraler Erfolgsfaktor herausgestellt, inwieweit es gelingt, die Eltern „mit ins Boot zu holen". Bewährt haben sich hier insbesondere Empowerment-Ansätze, in denen die Eltern mit Hilfe einer „verständnisvollen Kommunikation" dabei unterstützt werden, eigene Fähigkeiten und Ressourcen (wieder) zu entdecken und in einen gemeinsamen Unterstützungsprozess einzubringen. Im Folgenden werden einige allgemeine Grundlagen hierzu dargestellt und konkrete Hinweise für die praktische Umsetzung gegeben.

2.2.1 Empowerment-Konzepte als elternzentrierte Angebote bei Schulverweigerung

Der Begriff Empowerment („Selbstbemächtigung" oder „Selbstermächtigung") steht für eine Vielzahl von Ansätzen, die das Ziel verfolgen, Menschen in marginalen Lebenssituationen in der (Wieder-)Aneignung von Selbstbestimmung und Autonomie zu unterstützen. Allgemein soll die Fähigkeit der Menschen gefördert werden, ihre soziale Lebenswelt und ihr Leben selbst zu gestalten und sich nicht gestalten zu lassen (Stark 2007, 536; vgl. auch Herriger 2006). Die Ursprünge lassen sich in vielfältigen Sozialbewegungen in den USA Ende der 1960er finden, eine Systematisierung des Konzepts erfolgte dann insbesondere im Rahmen der amerikanischen Gemeindepsychologie (Rappaport 1984; 1977). In Deutschland wurde der Ansatz zunächst in der Sozial- und Sonderpädagogik bzw. Heilpädagogik aufgegriffen, hier insbesondere innerhalb der Behindertenarbeit (Theunissen 2008; Theunissen/Plaute 2003). Inzwischen finden sich auch Anwendungen in der Erwachsenen- und Weiterbildung sowie vereinzelt auch in Managementkonzepten. Erste grundsätzliche Überlegungen für eine empowermentorientierte Elternarbeit im Kontext Schule bei

Empowerment in der Elternarbeit bedeutet:

- den Einbezug der Eltern als autonome und kompetente Bündnispartner
- eine konsequente Ausrichtung auf Fähigkeiten und Ressourcen

drohendem Schulabsentismus wurden von Matthias Kiy und Gisela Schulze (2009; 2004) vorgenommen. Besonders interessante und bewährte Ansätze im Blick auf Elternarbeit sind beispielsweise:

- Das 2006 von Meinrad Matthäus Armbruster veröffentlichte Konzept der *„Eltern-AG"* (siehe auch www.eltern-ag.de): Kernpunkt dieses Ansatzes sind moderierte Elterngruppen, die aus vier bis max. fünf Elternpaaren oder einer entsprechenden Konstellation von Elternpaaren und/oder alleinerziehenden Müttern bzw. Vätern bestehen. In regelmäßigen Sitzungen werden die Eltern darin begleitet, die Erziehung ihrer Kinder erfolgreich in die eigenen Hände zu nehmen. Die Sitzungen dauern i.d.R. 120 Minuten und verlaufen nach einem festen Schema: Im ersten Drittel eines Treffens stehen Wissensaspekte der Erziehung im Mittelpunkt, danach folgt die „Wohlfühlpause", in welcher die Eltern Erfahrungen mit Entspannung und Stressabbau machen, im letzten Drittel stehen konkrete individuelle Erziehungsfragen zur Debatte.
- Das ursprünglich in Neuseeland entwickelte Konzept der *„Familiy Group Conference"* bzw. *Familiengruppenkonferenz* (vgl. z. B Hansbauer u.a. 2007; Straub 2005): In diesem Verfahren werden Familien dabei unterstützt, in mehrstufigen Konferenzgesprächen einen Lösungsplan für akute Probleme zu entwickeln. Sie erhalten zunächst Informationen über mögliche externe Hilfen, beispielsweise von Seiten des Jugendamtes, des Sozialen Dienstes etc. Kern des Verfahrens ist dann die „Family only" Phase: Hier diskutiert die Familie in einem vorher von ihr selbst festgelegten Kreis von unterschiedlichen Personen eine ebenfalls vorher gemeinsam mit dem professionellen Helfer festgelegte Orientierungsfrage, zum Beispiel „Was muss getan werden, um dem Kind einen geordneteren Alltag zu ermöglichen?" Die Auswahl der Teilnehmenden treffen die Familienmitglieder selbst; wichtig ist, dass sie diesen Personen vertrauen und diese als nützlich bzw. hilfreich für die Problemlösung einschätzen: Wer kann und will uns bei diese Frage unterstützen? Wer meint es gut mit uns? Mitglieder dieses Diskussionskreises können neben Großeltern und Freunden auch LehrerInnen und/oder SozialpädagogInnen sein. Als Ergebnis dieser zwischen einer bis durchaus acht Stunden dauernden Diskussion muss dann ein Plan zur Lösung des Problems sowie Maßnahmen zur Erfolgsüberprüfung präsentiert werden. Wenn nötig, erfolgt auf dieser Basis schließlich eine schriftliche Niederlegung, wenn beispielsweise staatliche Maßnamen notwendig sind.

Die Rolle der professionellen Helfer (sog. „collaborators“) besteht in all diesen Ansätzen darin, die „Bemächtigung“ der Betroffenen zu fördern und es ihnen zu ermöglichen, ein eigenverantwortliches und selbstbestimmtes Leben zu führen. Entscheidend ist hierbei die Grundhaltung des Unterstützers und des dahinter stehenden Menschenbildes: Der Ansatz wendet sich konsequent gegen eine defizitäre Perspektive, die die Eltern bzw. den Jugendlichen als Laien oder „Patienten“ sieht sowie als generell hilflos und inkompetent einstuft. Demgegenüber wird eine Stärken-Perspektive eingenommen: Hierbei wird der Fokus auf individuelle Stärken, Talente und Fähigkeiten im Bereich der Lebenswelt des Adressaten gelegt, die sich im Laufe des Lebens entwickelt haben und sich noch weiterhin entwickeln können. Diese werden als Ressourcen gesehen, die zur Verfügung stehen, um das eigene Leben zu gestalten und schwierige Situationen zu bewältigen. Ziel ist es nun, die Personen darin zu unterstützen, diese eigenen Ressourcen und Stärken zu erkennen und sie in soziale Handlungen umzusetzen.

Solch eine Bewusstmachung und konsequente Fokussierung auf vorhandene Ressourcen bewirkt eine ganze Reihe von positiven Effekten, dies konnte im Rahmen von Langzeitbeobachtungen und Interviews mit Akteuren von Empowermentprozessen aufgezeigt werden (vgl. Blanchard u. a. 1998; Stark 2007, S. 537):

- Es entwickelt sich ein positives und aktives Gefühl des „in-der-Welt-Seins“.
- Es entwickeln sich Fähigkeiten, Strategien und Ressourcen, um aktiv und gezielt individuelle und gemeinschaftliche Ziele zu erreichen.
- Es werden Wissen und Können erworben, die zu einem kritischen Verständnis der sozialen, organisatorischen und politischen und der eigenen sozialen Umwelt führen.

Die konkrete Rolle professioneller Helfer kann aufgrund der vielfältigen Bedingungen und Bedürfnisse der Adressaten dabei sehr unterschiedlich ausfallen: Prozess- und Expertenberater, Ressourceninformant, Brückenbauer, Wegbereiter, Anwaltschaft etc. Grundsätzlich gilt es, sich auf einen problemsuchenden und -entdeckenden Dialog einzulassen, bei elterlichen Äußerungen genau zuzuhören sowie Eltern zu ermutigen und zu unterstützen, weiterhin Vertrauen in ihre eigenen Fähigkeiten zu setzen. Das Verhältnis zwischen „collaborator“ und Adressat ist durch eine demokratische und kollaborative Partizipation gekennzeichnet. Dies spiegelt sich v. a. in einem partnerschaftlichen Verhältnis und einer gegenseitigen Anerkennung und Wertschätzung wider.

Auf Ebene der Lehrperson muss dann beispielsweise auf vorschnelle Problemlösungen und Ratschläge verzichtet werden, stattdessen sollte eine zurückhaltende und begleitende Haltung in gemeinsamen Such- und Abklärungsprozessen eingenommen werden. Notwendig ist hierfür ein Grundverständnis für die Lebenswelt der Eltern, so dass Unterstützungsmaßnahmen stets in Bezug zu den sozialen Rahmenbedingungen gesetzt werden können.

Empowerment in der Elternarbeit bedeutet damit, so lässt sich zusammenfassend festhalten,

- eine zunächst auf die Eltern gerichtete Zugehensweise,
- die Wahrnehmung der Eltern als Bündnispartner,
- die Wahrnehmung der Eltern als autonome, kompetente und mit Ressourcen ausgestattete Interessenvertreter ihrer Kinder,
- die Anstiftung zur (Wieder-)Entdeckung eigener Fähigkeiten und Ressourcen mittels einer verständnisvollen Kommunikation.

2.2.2 Erstgespräch: Einen gemeinsamen Prozess beginnen

Ziele des Erstgesprächs:

- Kennenlernen des elterlichen Umfeldes
- Abbau von Schwellenängsten
- Herstellen einer Vertrauensebene
- Sensibilisierung und Schaffung eines Problembewusstseins
- gemeinsame Erwartungshaltungen klären
- Möglichkeiten der Zusammenarbeit besprechen und vereinbaren

Ein Hauptproblem ist jedoch zunächst die hohe Schwellenangst und die Distanzierung vieler Eltern gegenüber der Schule. Diese resultiert in vielen Fällen aus einem Zusammenspiel negativer Erfahrungen aus der eigenen Schulzeit sowie dem aktuellen Umgang mit Eltern von Seiten der Schule: Eltern werden i.d.R. bestellt, vorgeladen oder im günstigeren Fall unverbindlich zum Elternabend eingeladen. Die Kommunikation wird meist als einseitig dominant und als Zwang mit hohem Zeitdruck in einer unwirtlichen Umgebung erlebt, so beispielsweise die häufige Beschreibung von Eltern zu ihren Erfahrungen an Elternsprechtagen.

Wichtig ist daher, diesen negativen Deutungen gegenüber Schule – die in vielen Fällen mit Sicherheit auch eine in gewisser Weise verzerrte Wahrnehmung der Wirklichkeit darstellt – durch ein Erstgespräch zu begegnen, in dem ein wirklicher Kontakt stattfindet, der von beiden Seiten als positiv erlebt wird. Das Hauptziel ist hierbei, zunächst einmal eine gegenseitig glaubwürdige und tragbare Vertrauensgrundlage aufzubauen - nicht mehr und nicht weniger. Denn letztlich hängt es von der Beziehungsebene ab, inwieweit sich die Eltern – aber auch die LehrerInnen und pädagogischen Fachkräfte – auf einen gemeinsamen Prozess einlassen können. Im Folgenden werden einige konkrete Hinweise zur Gestaltung solcher Gespräche gegeben, die sich in der Praxis bewährt haben.

Das äußere Umfeld gestalten

Das Erstgespräch sollte, wenn irgendwie möglich, in einer für die Eltern vertrauten und positiv bzw. neutral besetzen Umgebung stattfinden. Dies kann die Wohnung der Familie sein, sofern die räumlichen und organisatorischen Gegebenheiten dies zulassen. Der Vorteil liegt darin, dass für den Pädagogen bzw. die Pädagogin die Lebenswelt hier unmittelbar erlebbar wird. Ein Nachteil liegt darin, dass Gespräche in diesem Umfeld meist durch Störungen (Telefonklingeln, spielende Kinder etc.) beeinträchtigt werden und die pädagogische Fachkraft nur einen sehr geringen Einfluss auf die Gestaltung des Umfeldes nehmen kann. Somit kann es in vielen Fällen durchaus auch sinnvoll sein, das Gespräch in der Schule stattfinden zu lassen. Hierbei sind dann folgende grundsätzliche Aspekte zu beachten:

- Einen Besprechungsraum wählen, in dem das Gespräch nicht gestört wird und eine Atmosphäre der Vertraulichkeit herrscht. Ein Klassenraum, eine Ecke in der Schulbibliothek, eine offene Tür etc. wirken hier kontraproduktiv.
- Ggf. Telefon umstellen, ein Schild „Bitte nicht stören“ an die Tür hängen etc.
- Nach Möglichkeit das Gespräch nicht am Schreibtisch, sondern an einem eigenen Besprechungstisch oder in einer eigenen Sitzecke führen. „Vor dem Schreibtisch“ zu sitzen weckt für manche Personen unangenehme Assoziationen („Ich muss Rede und Antwort stehen“).
- Ggf. Kaffee, Tee oder Mineralwasser bereitstellen.
- Ggf. Flipchart oder ein großes Plakat bereitstellen, um wichtige Gedanken, Vereinbarungen etc. notieren zu können.

Die ersten Sekunden und Minuten eines Gesprächs sind häufig entscheidend: Man trifft einen (neuen) Gesprächspartner und nach wenigen Minuten ist der Kontakt da – oder eben nicht. In der Regel entscheiden die ersten ein bis zwei Minuten darüber, ob Kontakt zu dem Gesprächspartner entsteht. Je nachdem ob die Eltern dabei zu dem Ergebnis kommen „Ich kann hier von meinen Problemen erzählen. Ich kann dem Gegenüber vertrauen", wird sich der weitere Prozess des Gesprächs gestalten. In diesem Fall werden sich die Eltern öffnen und sich auf den Prozess einlassen; im anderen Fall werden sie möglichst wenig sagen oder das Gespräch abbrechen. Als Fachbegriff hat sich hierfür die Bezeichnung „Rapport" eingebürgert: Dies umschreibt eine Beziehung zwischen zwei Menschen, die auf gegenseitige Achtung, Wertschätzung und Vertrauen beruht.

Kontakt oder Rapport ist in erster Linie eine Sache der Einstellung. Die Eltern spüren sehr schnell, ob die Lehrperson oder der Pädagoge bzw. die Pädagogin ihnen Wertschätzung entgegenbringt, ob sie sie als autonome Personen akzeptieren, ein echtes Interesse an der „privaten Wahrnehmungswelt" (Rogers/Schmid 2004, S. 194) haben und schließlich kongruent in ihren Handlungen sind. Darüber hinaus gibt es eine ganze Reihe an verbalen und nonverbalen Verhaltensweisen, die den Kontakt eher behindern oder fördern – ein Thema, das insbesondere im Neurolinguistischen Programmieren behandelt wurde (z. B. Bandler/Grinder 2002; Grochowiak 1995, S. 27ff.; Mohl 2008, S. 131ff.).

Im Folgenden nun wieder einige konkrete Hinweise:

(1) Passende Sitzposition wählen

„Sitzposition" ist ein Thema, an das man üblicherweise nicht bewusst denkt: Welchen Platz wähle ich als Pädagoge? Wo sollen die Eltern sitzen? Ist der räumliche Abstand passend? Wir wissen aus der Forschung zur nonverbalen Kommunikation, wie wichtig Distanz und Positionierung (frontal gegenüber oder schräg) für die Beziehung zum Gesprächspartner sind. Wenn die räumliche Distanz zu groß ist, geht der Kontakt verloren.

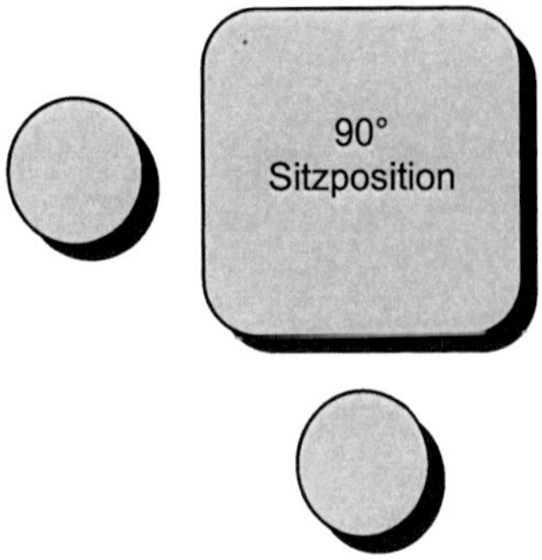

Wenn sie zu gering ist, rückt einem der andere „auf die Pelle". Ähnliches gilt für die Positionierung; wenn man einander in einer 180-Grad-Position gegenüber sitzt, führt das leicht zur Konfrontation. Förderlich ist demgegenüber eine Sitzposition im Winkel von ungefähr 90 Grad: Die Eltern haben die Möglichkeit, Blickkontakt aufzunehmen oder den Blick abzuwenden, je nachdem, wie es für sie passend ist. Solch eine Position kann leicht dadurch geschaffen werden, indem die Stühle etwas schräg zueinander angeordnet werde. Probieren Sie in einem Gespräch selbst verschiedene Sitzpositionen aus: Verändern Sie Distanz und Richtung des Körpers und achten Sie darauf, wie sich der Kontakt verändert. Sind räumliche Distanz und Sitzposition passend? Nehmen Sie sich Zeit, Ihre Sitzposition entsprechend zu verändern.

(2) Pacing bzw. Spiegeln

Personen, die sich gut verstehen, zeigen oft eine ähnliche Körperhaltung. Nicht ohne Grund spricht man bei Ehepaaren davon, dass sich diese über die Jahre hinweg immer ähnlicher geworden sind. Beobachten Sie einmal im Alltag die Körperhaltung von Personen, die in ein intensives Gespräch vertieft sind: Beide haben die Arme aufgestützt, den Oberkörper vorgebeugt, eine Hand auf dem Tisch liegen etc. Auch das Gegenteil ist zu beobachten: Ein Gesprächspartner beugt sich immer mehr vor, kommt immer näher, der andere weicht immer mehr zurück. Hier ist der Kontakt verloren gegangen.

Satir 1996, S. 95

Wird dies gezielt als Technik genutzt, so wird dies als „Pacing" oder „Spiegeln" bezeichnet: Sich dem anderen in der Körperhaltung, möglicherweise auch in der Wortwahl oder dem Sprachrhythmus angleichen: Beide haben beispielsweise die Beine übereinander geschlagen, sitzen zurückgelehnt und reden sehr bedacht mit einer laut und deutlichen Stimme. Hierdurch gelingt es deutlich besser, „auf gleicher Ebene" mit einander zu reden. Allerdings ist ein Spiegeln der Körperhaltung immer nur partiell sinnvoll – niemand hat es gern, wenn er kopiert wird. Und: Es muss der tatsächlichen Einstellung, Kontakt herzustellen, entsprechen - ansonsten wirkt es unnatürlich und möglicherweise abwertend.

Nonverbales Spiegeln lernen Sie am besten, indem Sie dies in vertrauten Verhältnissen ausprobieren und üben. Sie können damit beginnen, im Gespräch mit Familienmitgliedern oder guten Freunden Ihre Körperhaltung anzugleichen. Wenn Sie Ihr Gegenüber einweihen, können Sie sich erlauben, in der Lernphase auch Fehler zu machen, ohne dass es peinliche Folgen hätte. Am besten spiegeln Sie die Haltung eines anderen, indem sie in Ihrem Körper dieselbe Spannung aufbauen, ohne beispielsweise dic Position der Glieder vollständig zu übernehmen. Spiegeln von Sprechtempo und Stimmlage können Sie am besten in Telefongesprächen mit Nahestehenden üben.

(3) Verbales Verhalten

Hilfreich zum Aufbau einer positiven Beziehung ist es, am Anfang des Gesprächs etwas Zeit zu lassen, um sich aufeinander einzustellen. Hier kann zunächst „Small Talk" hilfreich sein: Über die Herfahrt zu sprechen, das Wetter oder über das Büro bzw. die Wohnung des Gesprächspartners – oft geben besondere Einrichtungsgegenstände wie Bilder, Modelle von Autos und so weiter einen Gesprächsanlass. Dieses Gespräch über eher oberflächliche Themen signalisiert positive Beziehungsbotschaften: „Ich lasse Ihnen Zeit, sich auf die Situation einzustellen", „Das Gespräch ist mir so wichtig, dass wir nicht hetzen müssen".

Als weitere Möglichkeit zum Aufbau einer positiven Beziehung nennt Thomas Gordon (2003, S. 58ff.) „Türöffner" und „Aufmerksamkeitsreaktionen": Türöffner sind Einladungen an den Gesprächspartner, über ein Thema zu sprechen, und signalisieren dabei zugleich Zuwendung und Aufmerksamkeit: „Möchten Sie darüber sprechen?", „Kann ich Ihnen dabei helfen?". Aufmerksamkeitsreaktionen sind ins Gespräch eingestreute Anzeichen dafür, dass der Zuhörer die Botschaft wahrnimmt: „Mh", „Wirklich?", „Ich verstehe". Auf der nonverbalen Ebene fallen hierunter auch der Blickkontakt beim Zuhören sowie ein bestätigendes Nicken.

Den Einstieg ins Thema schaffen

Erster Schritt ist hier, ein gemeinsames Verständnis über das Problem, eine gemeinsame „Definition der Situation" zu schaffen. Im Sinne des Empowerment sollte es nicht darum gehen, die Eltern zu erziehen oder von aus Ihrer Sicht sinnvollen Lösungsmöglichkeiten zu überzeugen. Vielmehr geht es darum, die Eltern aktiv in den Prozess einzubeziehen. Hierfür ist es in vielen Fällen notwendig, zunächst eine Sensibilisierung für die Problematik herzustellen.

Hierzu wieder einige konkrete Hinweise:

(1) Machen Sie am Anfang Ihre eigene Betroffenheit deutlich und geben Sie zu, dass Sie ein Problem haben und ohne Unterstützung der Eltern dieses nicht lösen können!

Viele Eltern reagieren mit Abwehr, wenn sie das Gefühl haben, man wolle ihnen ein Problem unterstellen oder anhängen. Dies führt nur dazu, dass das Problem(-kind) hin und her geschoben wird. Dem sollten Sie entgegenwirken: „Ihr Kind nimmt nicht am Unterricht teil. Das ist erst mal unser Problem. Aber zur Lösung brauchen wir auch ihre Unterstützung.
Sind Sie dazu bereit?"

(2) Vermeiden Sie Diskussionen über die Schuld-Frage!

Manche Eltern schützen ihr Kind fast automatisch oder versuchen sofort das Verhalten zu entschuldigen bzw. sich zu rechtfertigen: „Mein Sohn hat sich von den anderen beeinflussen lassen, von selbst käme der nie auf solche Ideen", „Wenn mein Mann erst einmal den neuen Job hat, können wir uns auch wieder mehr um unsere Tochter kümmern" etc. Es geht in erster Linie nicht um die Aufarbeitung, wieso, weshalb, warum es zu diesem Problem gekommen ist, sondern darum, zukunftsorientiert Lösungsmöglichkeiten zu erarbeiten. Machen Sie dies deutlich: „Es geht nicht darum, Sie, ihren Sohn oder irgendwen anders in die Pfanne zu hauen. Mit Sicherheit ist da einiges zusammengekommen. Lassen Sie uns nun gemeinsam überlegen, wie wir in Zukunft mit diesem Problem umgehen wollen."

(3) Fokussieren Sie positive Aspekte und stellen Sie Gemeinsamkeiten her, vor allem auch bei Äußerungen, die von ihrer eigenen Meinung abweichen!

Manche verzweifelten Eltern reagieren auch über: „Was hat er gemacht? Schon wieder geschwänzt? Der wird sein blaues Wunder erleben, das setzt eine Tracht Prügel." Auch wenn Sie die Prügelstrafe grundsätzlich ablehnen, stellen Sie dennoch zunächst den positiven Kern diese verzweifelten Lösungsversuchs der Eltern heraus: „Das finde ich gut, dass Sie das Verhalten von Paul so klar verurteilen." Die Gemeinsamkeit, die Sie auf diese Weise herstellen, hilft den Eltern, den Unterschied, den Sie im zweiten Schritt deutlich formulieren, eher anzunehmen: „Eine Tracht Prügel tut vielleicht für den Moment weh, aber sie wird nicht helfen, langfristig die Einstellung von Paul zu ändern. Hierfür schlage ich gemeinsame Gespräche und Zielvereinbarungen vor."

Auch kann es dazu kommen, dass Eltern Ihre Kompetenz abwerten: „Also wissen Sie, erstens habe ich viel zu tun und zweitens, müssten Sie das als ausgebildete Pädagogin doch selbst hinbekommen." Die Anerkennung des Positiven fällt hier nicht leicht und erfordert von Ihnen selbst ein positives Selbstbild: „Es freut mich, dass Sie unserer Zunft soviel zutrauen. Mit Sicherheit könnten wir das Problem mit disziplinarischen Maßnahmen selbst lösen. Aber mir geht es nicht darum, Ihren Sohn abzustrafen, sondern dass wir gemeinsam nach langfristigen Lösungen suchen." oder: „Sie haben Recht, wir können hier in der Schule einiges tun, z. B. auch mit Bestrafungen. Aber wir haben die Erfahrung gemacht, dass wir weiter kommen, wenn unser Handeln von den Eltern mitgetragen wird. Wenn Sie hinter uns und wir hinter Ihnen stehen, macht das einen ganz anderen Eindruck auf Ihr Kind."

(4) Wenn Eltern sich trotzdem verweigern, nicht kämpfen, sondern vertagen

Eine Gefahr besteht darin, dass sich Eltern und Pädagoge in einem Regelkreis „festfahren": Die Pädagogin versucht, die Eltern mit immer mehr Gründen zu überzeugen, die Eltern blocken immer heftiger ab. Wir sprechen in diesem Fall von einer „Ja-aber"-Struktur, die sich durch weitere oder intensivere Argumentationen nicht durchbrechen lässt. Hier ist es sinnvoller, zunächst abzubrechen: „Frau Meier, ich merke, dass ich Sie nicht überzeugen konnte. Ich bitte Sie, noch einmal darüber nachzudenken, in welcher Form und Art eine Mitwirkung für Sie sinnvoll und machbar erscheint. Ich rufe Sie morgen noch einmal an, um zu hören, ob Sie sich nicht doch vorstellen können, in irgendeiner Weise mitzuwirken." Die Ergebnisse der Projekte zeigen, dass Freiwilligkeit eines der zentralen Erfolgsfaktoren ist. Wenn Eltern das Gefühl haben, gezwungenermaßen mitwirken zu müssen, wird dies im Laufe des Prozesses immer wieder zu erneuten Regelkreisen sowie nerven- und zeitraubenden Diskussionen führen. Verweigerung auf Seiten der Eltern ist häufig ein Zeichen dafür, dass noch Misstrauen vorhanden ist und der Kontakt noch nicht erfolgreich hergestellt wurde. Hilfreich kann hier auch folgende Frage sein: „Was benötigen Sie denn noch, um sich auf eine Mitarbeit bzw. auf diesen gemeinsamen Prozess einzulassen? Was müssten wir tun?" Manchmal kann zunächst auch eine Mitwirkung „auf Probe" eine mögliche Lösung sein.

Abschließend sei noch einmal betont: Es geht darum, ein gemeinsames Verständnis über die Problemsituation herzustellen. Beschreiben Sie dabei – möglichst wertfrei – Ihre Wahrnehmung und Deutung der Situation und versuchen Sie, möglichst detailliert die Wahrnehmung und Sichtweise der Eltern zu erfassen. Nehmen Sie hierfür eine fragende Grundhaltung ein und begeben Sie sich auf Entdeckungsreise in ein für Sie fremdes Deutungssystem: Wie erleben die Eltern die Situation? Wie nehmen die Eltern dies wahr? Was ist deren Sicht auf die Problematik? Nur mit Hilfe dieser Informationen erhalten Sie und die Eltern ein vollständigeres Bild.

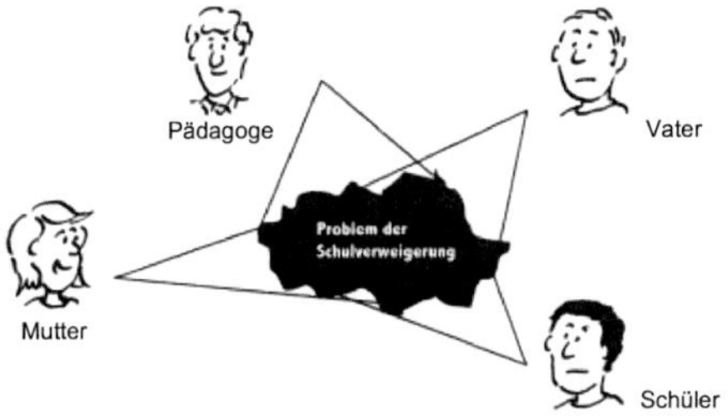

in Anlehnung an König/Volmer 2008, S. 241

Machen Sie sich in diesem Zusammenhang folgende Grundannahme einer systemischen Pädagogik bewusst: Die Wirklichkeit setzt sich zusammen aus unterschiedlichen Perspektiven verschiedener Personen. Sie selbst können aus Ihrer eigenen Perspektive immer nur einen kleinen Ausschnitt erfassen. Wenn Sie sich nun die einzelnen Perspektiven der relevanten Personen erschließen, werden Sie das Problemverhalten der Schulverweigerung häufig mit anderen Augen sehen: Meist handelt es sich hier um ein Symptom-Verhalten und kann als „gesunde" Reaktion in einem „ungesunden" System gesehen werden, ein Hilferuf, wie der Schmerz bei einer unerkannten Krankheit. Solch ein Perspektivenwechsel, der dem systemisch orientierten Denken und Handeln entspringt, führt schließlich zu einem anderen Blick auf den Problemschüler: Der Schüler wird als Symptomträger gesehen und nicht mehr länger als fauler, frecher Schüler, der mit allen Mitteln zur Räson zu bringen ist.

Erste Sammlung von Lösungsmöglichkeiten

Fokussieren Sie im Rahmen des Gesprächs dann die Wünsche und Ziele, die die Eltern meist implizit bereits benannt haben („Toll wäre es, wenn…", „Freuen würde mich, wenn…") und greifen Sie diese auf, indem Sie sie beispielsweise auf Flipchart festhalten. Insbesondere die gemeinsamen Wünsche und Ziele, also diejenigen, die Sie mit den Eltern teilen, stellen eine tragfähige Basis dar, nun in einem ersten Brainstorming gemeinsame Schritte zur Erreichung dieser Ziele zu sammeln.

Alternativ können Sie diesen Prozess auch mit gezielten Fragen unterstützen:

- Was wünschen Sie sich als Eltern für Ihr Kind?
- Was wünschen Sie sich als Eltern für sich selbst?
- Welche Ziele setzen Sie sich?
- Stellen Sie sich vor, Sie wachen morgen früh auf und das Problem hat sich auf einmal gelöst: Was genau wäre anders? Woran genau merken Sie dies? Und: Was genau ist passiert? Wie ist es wohl dazu gekommen? (sog. Wunder-Frage)

In dieser Phase ist es wichtig, dass Sie auch Transparenz schaffen hinsichtlich der Möglichkeiten und Grenzen, die sich durch die Rahmenbedingungen ergeben. Besteht beispielsweise ein fester Regelkanon im Umgang mit schulverweigerndem Verhalten an der Schule (siehe hierzu Kap. 3.2.3), so sollten Sie dies an dieser Stelle erläutern. Aber: Konzentrieren Sie sich zunächst auf die Punkte, bei denen Sie von einer hohen Übereinstimmung in den Zielen und Vorgehensweisen mit den Eltern ausgehen können. Dies schafft Vertrauen und schnelle gemeinsame „Erfolgserlebnisse". Wir neigen dazu, uns häufig an den Punkten aufzureiben, bei denen die Meinungen auseinandergehen – dies wäre zu diesem Zeitpunkt jedoch kontraproduktiv. Diese Reibungspunkte können Sie in einem späteren Gespräch angehen, dann, wenn Sie erste gemeinsame Erfolge erzielt haben.

Des Weiteren sollten Sie darauf achten – im Sinne des Empowerment – die Stärken-Perspektive einzunehmen: Legen Sie den Fokus auf die Stärken und Ressourcen, die bereits zur Lösung des Problems vorhanden sind, statt über wünschenswerte, aber nicht realisierbare Lösungen zu diskutieren.

Kontrakte vereinbaren

Im letzten Schritt geht es darum, Verbindlichkeiten herzustellen: Zum einen sollten Sie die zentralen Impulse aus dem Elterngespräch noch einmal prägnant zusammenfasen. Beispiele hierzu finden Sie im nebenstehenden Kasten, zum anderen sollten Sie das weitere Vorgehen abklären:

- Hinsehen und wahrnehmen, was läuft!
- Schuld hat selten einer allein!
- Eltern sollten sich mit Menschen ihres Vertrauens aussprechen!
- Abwarten verschärft Probleme und stabilisiert Teufelskreise!
- Das Ziehen aller Beteiligter an einem Strang ist der beste Weg!
- Schule und Eltern sind unverzichtbare Partner!

Wer macht was, mit wem, wann und wo, um den Wünschen und Zielen näher zu kommen. Dies festigt zum einen die herzustellende Vertrauensbasis, zum anderen aber ebenso eine auf Gegenseitigkeit gegründete Verpflichtung und damit nicht zuletzt die Übernahme von Verantwortung. Die Schwelle des Erstgesprächs wird hier nun überschritten und es wird in einen Prozess eines sich sukzessive weiterentwickelnden informellen Beziehungsgeflechts zwischen Eltern und pädagogischen Fachkräften eingetreten. Sinnvoll sind hier ritualisierte bzw. symbolische Handlungen zur Bekräftigung, z. B. ein Handschlag oder die gemeinsame Unterschrift auf der Flipchart mit den gesammelten Lösungsmöglichkeiten, sowie konkrete Verabredungen zum weiteren Vorgehen. Feste, vorab vereinbarte Rhythmen des Zusammentreffens schaffen für beide Seiten Sicherheit und Entlastung.

Gezielte Vorbereitung

Es ist vermutlich bereits deutlich geworden: Erstgespräche verlaufen sehr prozessorientiert, genau dies macht sie so schwierig. Es lässt sich nie vollkommen vorhersagen, wie der Verlauf und das endgültige Ergebnis sein wird. Erfolgreiche Erstgespräche bedürfen daher der inhaltlichen Vorbereitung, damit Sie bei der Steuerung dieses Prozesses nicht den Überblick verlieren. Sinnvoll ist es hier, sich bereits im Vorfeld die eigenen Erwartungen, Befürchtungen und Vorstellungen bzw. Vorurteile über das Gegenüber bewusst zu machen. Hierbei kann folgender Vorbereitungsbogen nützlich sein (in Anlehnung an Rademacher 2004, S. 37, 49; Schultz 2009, S. 284f):

<table>
<tr><td colspan="2">Wie ist die momentane Situation meines Gegenübers?</td></tr>
<tr><td colspan="2"></td></tr>
<tr><td colspan="2">Was sind aus meiner Sicht die Ressourcen der Familie meines Schülers/ meiner Schülerin?</td></tr>
<tr><td colspan="2"></td></tr>
<tr><td>Meine Anliegen / Meine Probleme:</td><td>Mögliche Anliegen / Probleme meines Gegenübers:</td></tr>
<tr><td></td><td></td></tr>
<tr><td>Was erwarte ich von dem Gespräch?</td><td>Was erwartet möglicherweise mein Gegenüber von dem Gespräch?</td></tr>
<tr><td></td><td></td></tr>
<tr><td>Welche Konfliktpunkte können auftreten?</td><td>Wie kann ich damit konstruktiv umgehen?</td></tr>
<tr><td></td><td></td></tr>
<tr><td colspan="2">Was könnten Vereinbarungen / Kontrakte sein, die wir miteinander treffen?</td></tr>
<tr><td colspan="2"></td></tr>
</table>

Diese Fragen sollen Ihnen helfen, sich auf das Gegenüber einstellen zu können und zugleich Ihre eigenen Anliegen vertreten zu können. Sie sollten dies allerdings nicht als starren „Fahrplan“ für das Gespräch auffassen. Seien Sie vielmehr offen und neugierig auf unerwartete Ressourcen und Anliegen des Gegenüber, nehmen Sie diese wahr und greifen Sie sie auf. Nur so können Sie ein vollständiges Bild von der Situation erhalten und einen gemeinsamen Prozess initiieren.

2.2.3 In Kontakt bleiben

Es versteht sich fast von selbst, dass dieses Erstgespräch lediglich die Grundlage für einen kontinuierlichen Kontakt und Austausch mit den Eltern darstellt. Das Problem der Schulverweigerung hat man auf dieser Ebene nicht mit *einem* Gespräch gelöst, vielmehr geht es darum einen langfristigen Prozess zu initiieren, der gleichermaßen auch von den Eltern mitgestaltet wird. Dies kann zum einen in Form weiterer individueller Elterngespräche erfolgen. Mögliche Themen hierfür sind:

- Reflexion der aktuellen Entwicklung und Geschehnisse
- Gemeinsame Erarbeitung von weiteren Zielen und Schritten
- Einbindung in die Bildungsplanung und Entwicklungsförderung
- Unterstützung/Beratung im Erziehungsprozess
- Vermittlung zu externen Hilfeangeboten, ggf. Begleitung zu Hilfemaßnahmen
- Informationen über formelle/organisatorische Dinge
- Wichtig: Schilderung positiver Erlebnisse/Stärken und Hervorhebung der erreichten Ergebnisse

Darüber hinaus gibt es eine ganze Reihe weiterer Möglichkeiten, regelmäßig in Kontakt zu bleiben, die z. T. mit deutlich weniger Aufwand zu betreiben sind:

- Kurze Telefonate zur Klärung dringender Fragen oder auch zur unmittelbaren Rückmeldung positiver Entwicklungen
- Elternbriefe bzw. schriftliche Elterninformation zur Information über organisatorische Dinge
- Fragebögen zur Erhebung der Elternperspektive
- Themenbezogene Elternabende
- Beratungsgespräche bzw. Informationstermine mit Dritten/externen Helfern, z. B. für individuelle Schülerhilfen oder psychologische Betreuungsangebote

- Pendelhefte, in dem wöchentliche Informationen über Ziele, die Selbsteinschätzung des Schülers sowie den Einschätzungen aus Lehrer- und Elternperspektive, geplante Aktivitäten etc. festgehalten werden. Der Schüler ist für dieses Heft verantwortlich und stellt sicher, dass die Informationen und Rückmeldungen jeweils zum Wochenbeginn oder Wochenende zusammengetragen worden sind und von allen beteiligten Akteuren eingesehen wurden. Ggf. kann dies durch zusätzliches Abzeichnen sichergestellt werden.

Solch eine intensivere Art und auf Empowerment ausgerichtete Art von Elternarbeit trägt einen großen Teil zur Veränderung bei – nicht nur des schulmüden Schülers, sondern auch der Eltern. Die Erfahrungen aus den Projekten lassen deutlich werden, dass sich insbesondere bei schuldistanzierten Eltern das Bild von Schule deutlich ändert: Die für sie neue Erfahrung einer offenen und partnerschaftlich ausgerichteten Interaktion mit den Professionellen führt dazu, dass die Bereitschaft wächst, sich für die Schule zu engagieren und sich einzubringen mit den eigenen Ressourcen, besonderen Stärken und Fähigkeiten (die meist erstmals als solche erlebt werden). Zur Verdeutlichung sei ein Beispiel über einen Vater aus dem Projekt „Coole Schule" angeführt (Faltermeier u.a. 2006, S. 75):

„Der hier in Rede stehende Vater ist inzwischen auf dem besten Wege dahin, sich auf die Schule einzulassen und dort seine Ressourcen einzubringen. Im Klartext heißt das: Er hat seine Erfahrungen und sein Wissen als (arbeitsloser) PC- und Internet-Experte der Lerngruppe angeboten, er hat in Zusammenarbeit mit dem pädagogischen Team versucht, sein Angebot entsprechend zu rahmen, also der Konzeption anzupassen, und er hat angeboten, zusammen mit der Lerngruppe für die Coole Schule nicht nur eine Internet-Seite zu entwerfen, sondern darüber hinaus eine grafische Symbolik zu entwickeln, mit der sich die Lerngruppe präsentieren kann, mit der sie ihr eigenes Image nicht für sich, sondern darüber hinaus auch nach außen hin darstellen kann. Dabei wurde z. B. auch an eine entsprechende Porträtierung jedes einzelnen Schülers gedacht etc.

Stellen wir uns an dieser Stelle einmal für einen kurzen Augenblick vor, Schule – also nicht nur Coole Schule – würde über eine entsprechende intensive und offensive Elternarbeit nur einen geringen Teil arbeitsloser Eltern von Schülern und Schülerinnen erreichen, sie ähnlich motivieren und deren Ressourcen für Bildungsprozesse nutzbar machen können. Aber vergegenwärtigen wir uns auch einmal, welche Veränderung damit in diesen Menschen und nicht zuletzt auch für das Bild von Schule in Gang gesetzt werden könnte."

2.2.4 Weiterführende Hinweise und Materialien zur Elternarbeit

Es gibt eine ganze Reihe an Projekten, die sich speziell mit neuen Wegen und Möglichkeiten der Elternarbeit und -einbindung beschäftigen. In den seltensten Fällen lassen sich solche Projekte eins zu eins übertragen, zu unterschiedlich sind die jeweiligen Ausgangs- und Rahmenbedingungen vor Ort. Vielmehr können und sollten solche Projektbeispiele als Anregung dienen, auf deren Basis eigene Vorgehensweisen entwickelt und erprobt werden:

- Eine umfangreiche Liste über solche Projekte finden Sie in der Datenbank Netzwerk Prävention von Schulmüdigkeit des Deutschen Jugendinstituts: *www.dji.de/schulmuedigkeit*
- Eine sehr inspirierende Erfahrungsdokumentation zur Einführung von Elterntrainings finden Sie unter dem Stichwort „Ottos Lernwerkstatt" bei der Nikolaus-August-Otto-Oberschule: *www.nao.be.schule.de*
- Ein Beispiel für einen Flyer zum Thema „Schulverdrossenheit und Schwänzen - Was tun?", der konkrete Ratschläge für Eltern enthält, finden Sie in der Materialsammlung der Landeskooperationsstelle Schule - Jugendhilfe Brandenburg: *www.kobranet.de*
- Gute praktische Hinweise zu einer dialogisch und partizipativ ausgerichteten Elternarbeit an Schulen finden Sie in dem Buch von Petra Frie: Elternhaus und Schule: Wie Eltern Schule mitgestalten können. Ein Handbuch für Lehrer und Eltern. Mülheim 2006 (Verlag an der Ruhr).

3. Das Teilsystem Schule im Kontext von Schulverweigerung – Risikofaktoren und praktische Handlungsempfehlungen

3.1 Risikofaktoren im System Schule

Auslösende Ereignisse in diesem System sind häufige Schul- oder Klassenwechsel, die z. B. aus ständigen Umzügen oder Sitzen bleiben resultieren. Doch was genau trägt mit dazu bei, dass solch ein Erlebnis mit schulverweigerndem Verhalten einhergeht?

3.1.1 Rolle der Schulform

Ein in diesem Kontext häufig als erstes betrachteter Aspekt ist die Schulform bzw. das Bildungsniveau der Jugendlichen: Es gibt, um den Vergleich mit dem größtmöglichen Schulformenkontrast zu beginnen, deutliche Indizien dafür, dass Gymnasiasten seltener schwänzen als HauptschülerInnen. In erster Linie kommen SchulverweigererInnen aus Haupt- und Förderschulen (ehemals Sonderschulen) bzw. dem Berufsvorbereitungsjahr sowie aus Berufsschulen, die keine Lehrstelle bzw. keinen Ausbildungsplatz haben, aber noch schulpflichtig sind. In der nebenstehenden Grafik sind exemplarisch die Ergebnisse einer bundesweiten Befragung von 346 jugendlichen Schulverweigerern zu dem besuchten Schultyp zu Beginn des Schulschwänzens dargestellt (Angaben in Prozent; Schreiber-Kittel/Schröpfer 2002, S. 126):

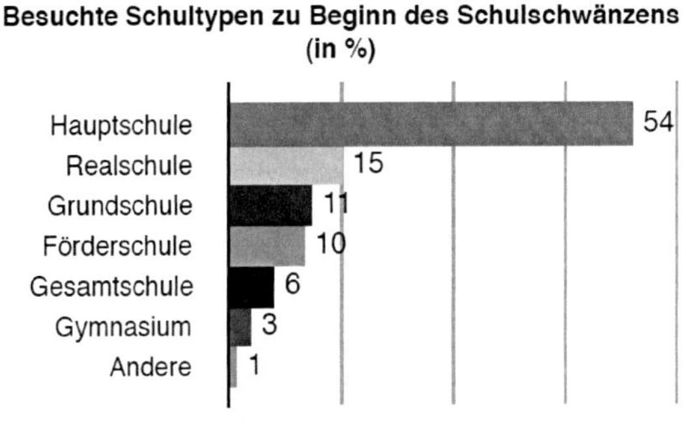

Es deutet sich damit an, dass die (aktive) Verweigerungsquote umso geringer ist, je höher das Bildungsniveau und damit die Ausbildungs- und Beschäftigungsperspektiven der Jugendlichen sind. Schüler aus dem unteren Qualifikationsbereich tragen demnach ein höheres Risiko zur Schulverweigerung.

Liegt es tatsächlich an der Schulform oder ist es das Ergebnis eines Selektionsprozesses?

Allerdings sollte man auch hier, ähnlich wie im System Familie, sehr vorsichtig sein mit der Benennung solcher statistischen Bedingungsgrößen: So stellt sich grundsätzlich die Frage, ob es an den Lernbedingungen in den Haupt- und Förderschulen liegt oder aber am Selektionsprozess des Bildungssystems, durch die sich in diesen Schulformen diejenigen SchülerInnen konzentrieren, deren Schulkarrieren durch Serien von Misserfolgen geprägt sind und die – die Aussichtslosigkeit ihrer Bemühungen vor Augen – den Ausstieg proben (Braun 2004, S. 17.). Zu bedenken ist, dass viele Schulverweigerer bereits sehr umfangreiche Schulwechselkarrieren hinter sich haben. Und: Bisher wenig erfasst sind in diesem Zusammenhang passive Formen der Schulverweigerung. Denkbar ist, dass diese viel häufiger als bisher angenommen auch bereits in höheren Schulformen auftreten, jedoch in diesem System nicht wahrgenommen werden bzw. mit dem Wechsel auf eine andere Schulform „gelöst" werden.

Dies ist auch in unseren Befragungen deutlich geworden: Der Schulwechsel von der Realschule auf eine Hauptschule beispielsweise führt nicht automatisch zu bzw. ist nicht der alleinige Grund für Schulverweigerung – vielmehr haben wir auch hier ein komplexes Zusammenwirken unterschiedlicher Faktoren. Im Folgenden werden wieder einige übergreifende, von der Schulform zunächst unabhängige Aspekte zusammengestellt, die sich in dieser Studie als Risiko- und Bedingungsfaktoren für das Problem der Schulverweigerung herausgestellt haben.

3.1.2 Negatives Schulklima

„Wer von meinen Mitschülern eine große Klappe hatte, bekam einen ‚Boxer'... Das war hier halt normal. Da habe ich mir gesagt: Besser selber boxen, als eins drauf zu kriegen. Oder man geht dann eben nicht mehr hin."
(Schüler)

Als ein Hauptgrund für das Fernbleiben wird häufig ein negatives Schulklima angeführt: Der Schüler fühlt sich bedroht, erpresst oder er hat Angst, verprügelt zu werden. Schulverweigerer berichten darüber, dass sie jeden Morgen Bauchschmerzen, Kopfweh, Übelkeit haben – sie haben regelrecht Angst vor dem, was in der Schule passiert und sie leiden. Es ist eben ein großer Unterschied für die Jugendlichen,

- „...ob sie die Schule für einen guten, für ihr Leben wichtigen Ort betrachten oder einen, den sie lieber meiden würden,
- ob sie entspannt im Unterricht sitzen oder ständig auf der Hut sind, weil sie Attacken und Demütigungen erwarten,
- ob sie dort mit der Sicherung ihrer sozialen Existenz beschäftigt sind oder Aufmerksamkeit für andere Themen frei haben.

Folglich beeinflusst die Qualität des Miteinanders in der Schulklasse ihre Beziehungswelt und die Stellung eines Kindes in ihr sämtliche Aktivitäten und auch das Lernen des Kindes." (Krappmann 2006, S. 219f.) Den Lehrpersonen wird – ebenso wie den Eltern – bei der Lösung dieses Problems oft nicht vertraut: Die Angst, als „Petzer" bloßgestellt und dann doch wieder schikaniert oder verprügelt zu werden, ist meist größer als die – aus ihrer Sicht eher unwahrscheinliche – Möglichkeit, durch die Intervention der Lehrkräfte den oder die Peiniger loszuwerden.

Diskutiert wird dieses Phänomen – wenn ein oder mehrere Individuen wiederholte Male und über einen längeren Zeitraum negativen Handlungen von einem oder mehreren Individuen ausgesetzt sind – seit einigen Jahren unter dem Begriff des „Bullying" bzw. dem Mobbing unter Schülern (vgl. z.B. Janan 2008; Olweus 2006; siehe hierzu auch die Seiten des VISIONARY Portals: *www.gewalt-in-der-schule.info*). Solche Handlungen können auf unterschiedlichen Ebenen stattfinden:

- physisch: z. B. schlagen, schubsen, treten, kneifen, festhalten etc.
- verbal: z. B. drohen, verspotten, beschimpfen etc.
- non-verbal: z. B. Grimassen schneiden, böse Gesten, Rücken zuwenden etc.

Entscheidend dabei ist, dass zwischen dem Opfer und dem Täter (oder der Gruppe von Tätern) ein Ungleichgewicht der Kräfte herrscht. Dies kann sich sowohl auf die physische als auch auf die psychische Stärke beziehen.

Die Berichterstattung der Medien lässt in diesem Zusammenhang häufig den Eindruck entstehen, dass gewalttätige Übergriffe – insbesondere durch Jugendliche – dramatisch zugenommen haben. Wissenschaftliche Studien können diesen Eindruck jedoch nicht bzw. nur teilweise bestätigen. Auch wenn die Jugendgewalt insgesamt zwischen Mitte der 1980er und Anfang der 1990er europaweit zugenommen hat, so deutet jedoch kaum etwas auf eine dramatische Zunahme von Gewalt speziell im Schulbereich hin. Vielmehr spricht einiges dafür, dass von der Zunahme einige Schultypen stärker betroffen sind als andere, und zwar in erster Linie Förderschulen,

Hauptschulen und Gesamtschulen mit sozial problematischen Einzugsgebieten (vgl. Holtappels u.a. 2009).

Die Lehrkräfte selbst erkennen entweder nicht, was in ihren Klassen los ist, oder „drücken beide Augen zu“, weil sie nicht in der Lage sind bzw. nicht den geeigneten Rahmen zur Verfügung haben, mit der Situation adäquat umzugehen und auf solche Aggressionen zu reagieren. Häufig verlängern von Gewalt betroffene SchülerInnen ihre Auszeit, weil sie Angst vor der Rückkehr in die Schule haben. Der Versuch, wieder in die Schule zurückzukehren, ist dann das Ergebnis eines meist schwierigen Prozesses: Ein Schüler, der sich traut zurückzukommen, hat sich in der Regel intensiv mit sich und seinen Problemen auseinander gesetzt. Entscheidend ist dann die Reaktion des Lehrers. Erhofft wird sich Unterstützung und Hilfe, erlebt wird meist allerdings eine andere Reaktion.

3.1.3 Restriktives Erziehungsverhalten

„Meiner Lehrerin hat es dann gereicht, dass ich immer keine Hausaufgaben hatte...
Am ersten Tag ohne Hausaufgabe wird man an die Tafel angeschrieben, am 2. Tag wird man eingekreist und am 3. Tag ohne Hausaufgaben kriegst du eine 6. Das haben alle mitbekommen... Dann bin ich irgendwann nicht mehr hingegangen.“
(Schüler)

LehrerInnen erleben das schuverweigernde Verhalten häufig als persönliche Beleidigung, sie bestrafen den bzw. die SchülerIn durch Nichtbeachtung oder spöttische Bemerkungen. Neben der „persönlichen Beleidigung“ durch das Nicht-Erscheinen des bzw. der SchülerIn, fühlen sich die LehrerInnen auch durch die Mehrarbeit noch zusätzlich belastet, wenn sie beispielsweise extra für den Schulverweigerer eine neue Klassenarbeit erstellen müssen. Dies führt letztlich zu einem restriktiven Umgang mit diesem Problem oder aber zu Maßnahmen, die den auffälligen Schüler sozial etikettieren – und damit die Schulverweigerungstendenzen erhöhen.

Interessant ist in diesem Zusammenhang eine Zusammenstellung der schulischen Reaktionen, die von Schreiber-Kittl/Schröpfer (2002, S. 183) auf der Basis einer Befragung von 346 Schulverweigerern und der Analyse von 36 Praxismodellen vorgenommen wurde:

Reaktionen der Schule (in %)

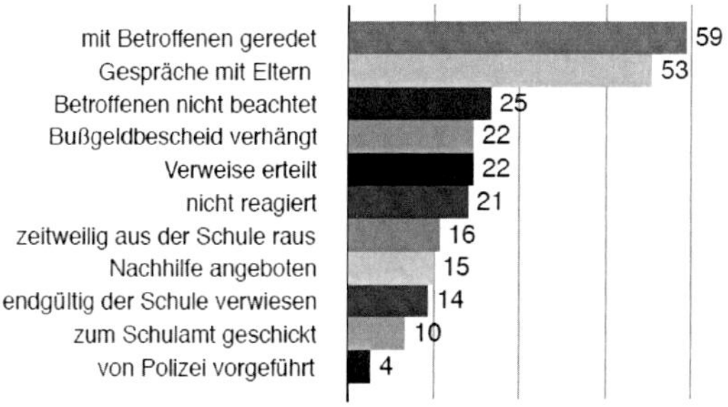

Erfreulich ist die hohe Anzahl an Gesprächen, die geführt wird. Auffällig jedoch gleichzeitig die Vielzahl unterschiedlicher Maßnahmen, die eher einen negativ sanktionierenden Charakter haben. Dies gilt in gleicher Weise auch für passive Formen der Verweigerung: Viele SchülerInnen berichten von Lehreräußerungen wie „Was tust du überhaupt noch hier?", „Träumen kannst du auch zu Hause." etc. Andere wiederum berichten, sie seien im Unterricht „überhaupt nicht mehr drangekommen", die Lehrkräfte haben sie „einfach übersehen". So angenehm letzteres in bestimmten Situationen auch ist (z. B. bei nicht gemachten Hausaufgaben), so wurde doch im Verlauf der Interviews immer wieder deutlich, dass ein solches Lehrerverhalten als verletzend und abwertend empfunden wird und die vorhandene Schulverweigerungstendenz insgesamt eher verstärkt. Erstaunlich sind auch die hohe Anzahl an Ordnungsmaßnahmen des zeitweiligen Schulausschlusses sowie des endgültigen Rausschmisses: Man bestraft einen Tatbestand – Schulverweigerung auf Seiten des Schülers – durch denselben Tatbestand – Schulverweigerung von Seiten der Schule.

Gemeinsam ist all solchen negativen Reaktionen – die Punkte „mit Betroffenen geredet" und „Gespräche mit Eltern" natürlich vorerst ausgenommen –, dass sie durch das Prinzip der Nicht-Annahme geprägt sind, und dadurch zu einer Eskalation der Problematik führen. So lassen sich in solchen Situationen viele der im Gordon-Modell (Gordon 2004, S. 110ff.; 164ff.) zusammengestellten „Kommunikationssperren" (z. B. warnen und drohen, interpretieren und diagnostizieren, verhören und „ins Kreuzverhör nehmen") wieder finden sowie macht- und autoritätsorientierte Problemlösestrategien, basierend auf Sieg-Niederlage Betrachtungsweisen: Ich als LehrerIn gewinne, weil ich der Stärkere bin – du als SchülerIn verlierst, weil du der Schwächere bist. Solche Lösungsversuche erzeugen i.d.R. Widerstand, da sich der bzw. die SchülerIn in seinen eigenen Bedürfnissen und dahinter stehenden Problemen nicht ernst genommen fühlt. Typische Reaktionen sind Trotzhandlungen, Vergeltungsmaßnahmen, Lügen oder auch das Schikanieren von anderen, schwächeren Mitschülern. Oder aber sie führen zu Resignation und Apathie, Kennzeichen der passiven Schulverweigerung. Häufig überträgt sich solch ein negatives Verhalten der Lehrperson gegenüber dem bzw. der SchülerIn auch auf die MitschülerInnen, das Verhalten der Lehrperson wird imitiert. Dies geht von Hohn über Spott bis hin zu massiven Beleidigungen. All dies führt schließlich dazu, dass sich der bzw. die SchülerIn zurückgestoßen fühlt und seine bzw. ihre eigenen Bemühungen zunichte gemacht werden – er bzw. sie befindet sich schließlich in einem Teufelskreis: „Ich hatte kein Bock auf Hausaufgaben, ich wollte mich einfach nicht anstrengen. Dann habe ich Stress mit der Lehrerin bekommen. Dann haben mich auch die anderen Schüler voll gelabert, jeden einzelnen Tag, die ganze Zeit. Das hat mich voll genervt. Also hatte ich noch weniger Bock“ (Schüler).

3.1.4 Nicht-Wahrnehmung und Ignorieren

> „In der Zeit, wo ich kein Bock hatte, habe ich gesagt: Ich war krank. In der 8. Klasse wollten die nicht unbedingt eine Entschuldigung haben… Dann habe ich das auch immer so gemacht – ist doch logisch.“
>
> (Schülerin)

Auch ein missachtendes und ignorierendes Verhalten durch die Lehrpersonen wirkt kontraproduktiv: Hierdurch wird dem bzw. der SchülerIn die Möglichkeit geboten, sich weiter in seinen bzw. ihren „Schonraum“ zurückziehen – sei es in der Schule, als passiv Verweigernder, oder außerhalb, als aktiv Verweigernder. Das missachtende Verhalten wird dabei als genauso verletzend empfunden und führt ebenfalls zu einer Verstärkung des schulverweigernden Verhaltens. Das Beispiel macht deutlich: Wenn die Jugendlichen Schlupfwinkel entdecken, die Schule zu schwänzen, dann tun sie dies eben auch.

Die Gründe für späte oder auch ausbleibende Reaktionen seitens der Lehrkräfte bzw. der Schule sind vielfältig und vergleichbar mit denen im System Familie. Das Hauptproblem bleibt jedoch: Die Schüler verfolgen mit ihrem problematischen Verhalten letztlich ein positives Hauptziel, sie wollen Anerkennung erhalten. Erfahren sie jedoch keine oder falsche Konsequenzen, so ändern sie ihre Verhaltensweisen und verfolgen schließlich „irrtümliche“ Ziele: Macht, Vergeltung, Unzulänglichkeit (vgl. hierzu auch Dreikurs 2003, S. 18ff.).

3.2 Ansatzpunkte und Handlungsempfehlungen im System Schule

3.2.1. Lehrer als zentrale Einflussgröße – aber mit systembedingten Grenzen

Die Ergebnisse der vorliegenden Studien lassen vermuten, so das Fazit, dass die Schule und ihre Lehrkräfte es oft selbst in der Hand haben, die Schulverweigerungstendenzen ihrer SchülerInnen einzudämmen. Die LehrerInnen haben oft wesentlich mehr Macht und Einfluss als gemeinhin angenommen wird. Deutlich wird dies u.a. an den positiven Berichten einiger Schulverweigerer über gelungene Versuche ihrer Lehrer: Positiv wird es z.B. erlebt, wenn die Lehrer ihnen das Gefühl vermitteln, ihnen eine – ernst gemeinte (!) – zweite Chance zu geben und gleichzeitig Unterstützungsangebote anbieten: „Die Lehrer bemühen sich, dass alle mit machen, auch die größten Störenfriede. Die bemühen sich sehr, denn die geben uns z. B. auch Fragebögen vor der Klassenarbeit, damit wir besser lernen können. Hier bekommt man echt auch eine zweite Chance“ (Schülerin). Auch der persönliche Besuch eines Lehrers kann in diesem Zusammenhang von den Schülern als etwas Besonderes empfunden werden: „Dann stand der tatsächlich bei mir zu Hause vor der Tür und hat sich Zeit für mich genommen. Das fand ich cool. Da wusste ich, der meint es ernst mit mir.“

Lehrer-Schüler Beziehung

Entsprechend – darin sind sich die Fachleute einig – stellt die Beziehung zwischen LehrerInnen und SchülerInnen eine der zentralsten Variablen für das Verhalten von Schülern dar (vgl. Schreiber-Kittl/Schröpfer 2002, S. 144ff.). Eine negative Lehrer-Schüler-Interaktion, dies wurde in den vorangegangenen Ausführungen deutlich, ist gekennzeichnet durch die Angst des Lehrers, den Schüler und damit möglicherweise die Klasse nicht im Griff zu haben – und die Angst des Schülers, kritisiert, abgewertet, bloßgestellt oder gar lächerlich gemacht zu werden. Der Unterricht mit seinen Leistungsanforderungen wird von diesem Schüler als bedrohlich und Angst auslösend erlebt. Das Verhältnis zur Lehrperson wird als wenig oder gar nicht vertrauensvoll erlebt, der Schüler erwartet mehr oder weniger zwangsläufig, dass er von seinem Lehrer negativ beurteilt wird bzw. nur seine Schwächen und Defizite gesehen werden – unabhängig davon, wie er sich tatsächlich verhält. Darüber hinaus stellen diese Schüler – in ihrer Wahrnehmung – häufig fest, dass die Lehrkraft für sie keine Zeit hat, genervt ist und insgeheim sogar froh ist, wenn der störende Schüler dem Unterricht fernbleibt. Dies verdeutlicht folgender Bericht eines Schülers nach einem

Schulwechsel: „Ich hatte von Anfang an das Gefühl, ich bin da abgestempelt. Und dabei wollte ich es dieses Mal wirklich schaffen, es ging ja um einen Ausbildungsplatz. Aber ich habe das einfach nicht verstanden, z. B. in Mathe. Die waren alle weiter als ich und haben Wörter benutzt, die ich noch nie gehört habe, ich wusste überhaupt nicht, was die bedeuten. Dann bin ich hinterher immer zum Lehrer, damit der mir das erklärt, aber der hatte angeblich nie Zeit, wollte immer nur schnell zum Auto und nach Hause. ‚Später, später!', hieß es immer. Dem war das doch total egal. Dann habe ich irgendwann wieder abgeschaltet und angefangen, Blödsinn zu machen."

Eine positive Lehrer-Schüler Interaktion dagegen basiert auf gegenseitiger Wertschätzung, die Personen nehmen sich gegenseitig ernst, sind echt bzw. offen zueinander und erleben ihre Beziehung im Idealfall als vertrauens- und verständnisvoll.

Schulsozialarbeit und außerschulische Angebote

Allerdings hat dieser Einfluss der Lehrkräfte auch deutliche Grenzen: Nicht selten wird das negative Schulklima automatisch auf die Lehrperson übertragen, selbst wenn diese sehr bemüht ist. Dies wird vor allem dann deutlich, wenn man die Ausführungen mehrerer Schüler zu ein und demselben Lehrer(-verhalten) vergleicht. So werden die oben beschriebenen Lehrer von einzelnen Schülern auch durchaus negativ erlebt: „Ich hasse die Schule. Wir haben so doofe Lehrer. Lehrer sind grundsätzlich doof!" In einzelnen Fällen ist eine tragfähige Beziehung zwischen Lehrer und Schüler daher systembedingt einfach nicht möglich und es besteht eine scheinbar unüberwindbare Hürde: „Unsere Lehrerin vereinbart immer einen Termin mit denen, die öfters Unsinn machen oder zu spät kommen. Die spricht dann mit den Eltern, schickt Briefe, ruft an und so. Die Kinder wollen aber lieber ihre Ruhe haben, die haben keinen Bock auf Schule und Lehrer. Das nervt dann halt nur" (Schülerin).

Auch die im Rahmen des Projektes geführten Diskussionen mit den Fachkräften aus Schule und Jugendhilfe haben deutlich gemacht, dass Schule bzw. die Lehrkräfte allein das Problem nicht lösen können, vielmehr bedarf es einer sozialpädagogischen Unterstützung sowie einer engen Verzahnung mit außerschulischen Angeboten und Projekten: „An den Schulen, die Schulsozialarbeit haben, da läuft sehr viel, weil es da ein relativ gutes Netzwerk unter den Schulsozialarbeitern gibt. Mit Schulamt und auch Jugendhilfe zusammen" (Lehrer). Auch für die Schüler kann ein Schulsozialarbeiter an einigen Stellen motivierender wirken und den notwendigen sozialen Rückhalt bieten, insbesondere auch da er keine Lehrkraft mit benotender und disziplinarischer Verfügungsgewalt ist: „Mit dem Schulsozialarbeiter komme ich sehr gut klar, der hilft mir in ein paar Situationen. Ich hab dann immer wieder Mut, das durchzustehen. Die Lust ist dann auch immer größer, wieder was für die Schule zu machen“ (Schülerin).

Trotz dieser systembedingten Grenzen bietet das System Schule viele Gestaltungs- und Einflussmöglichkeiten im Kontext Schulverweigerung. Bewährte Vorgehensweisen reichen von einem systematischen Frühwarnsystem über einen schulinternen Verfahrenskatalog bis hin zur Gestaltung der Schule als gemeinsamen Arbeits- und Lebensraum. Im Folgenden werden wieder einige praktische Konsequenzen, die sich hieraus für die pädagogische Arbeit ergeben, zusammengestellt.

3.2.2 Systematisches Frühwarnsystem

Ähnlich wie bei den Eltern sollte auch bei den Lehrkräften der erste Schritt in einer grundsätzlichen Sensibilisierung der Lehrkräfte bestehen – als Grundlage für eine systematische Früherkennung an Schulen. Wichtig ist, dass sich eine „Kultur des Hinschauens“ entwickelt. Bewährt hat sich hierfür ein zentrales und standardisiertes Erfassungssystem, damit gravierende Veränderungen im Verhalten des Schülers schnell sichtbar werden. Häufig vergeht zu viel Zeit, bis Lehrer durch den zufälligen Austausch in der Pause darauf stoßen, dass es sich bei dem Problemverhalten des Schülers X um eine beginnende Schulmüdigkeit handelt, die auch bei anderen Kollegen auftritt.

Folgende zusammengefasste Indikatoren können wertvolle Hinweise liefern und so bei der präventiven Arbeit helfen:

Fehlzeiten und Verspätungen

Das erste klassische Kriterium ist eine deutliche Zunahme von Fehlzeiten und Verspätungen. Auch wenn dies zunächst sehr selbstverständlich klingt, haben die Erfahrungen in den Projekten gezeigt, dass dies in der Schulpraxis oftmals wenig beachtet oder hinterfragt wird. Eine zentrale und systematische Erfassung und Auswertung erfolgt i.d.R. nicht. Wichtig ist dabei, dass neben den unentschuldigten Fehltagen auch die entschuldigten miterfasst werden, ob beispielsweise Atteste wechselnder Ärzte vorgelegt werden etc. Auch ist wichtig, dass sofort ersichtlich wird, wenn sich das Fehlen auf einzelne Fächer beschränkt oder auf Eck- und Randstunden.

- Wie viele ganze Tage?
- Wie viele Eckstunden?
- Treten längere Phasen auf? (z. B. vor und nach Feiertagen/Ferien)
- Oder andere Systematiken: „blauer Montag“, bestimmte LehrerInnen bzw. Fächer, immer nach Konflikten etc.
- Anzahl der entschuldigten im Vergleich zu den unentschuldigten Fehltagen?
- Art der Entschuldigung? (Eltern, ärztliches Attest etc.)

Leistungsveränderungen

Ein relativ klares und „hartes“ Kriterium können zudem auffällige Leistungsveränderungen sein. Hier kann ein Leistungs-Indikator definiert werden (z. B. Abfall um eine Schulnote pro Halbjahr), der dann dazu führt, dass dieser Schüler genauer betrachtet wird: Gibt es offensichtliche Erklärungen für den Leistungsabfall? Woran genau könnte dies liegen?

Darüber hinaus sollten signifikante Veränderungen im Arbeitsverhalten registriert werden. Eine Hilfe hierfür können die Indikatoren sein, die in der 2008 überarbeiteten Handreichung des Ministeriums für Schule und Weiterbildung des Landes Nordrhein-Westfalen zum Arbeits- und Sozialverhalten in Zeugnissen vorgeschlagen werden:

(1) Bereich der Leistungsbereitschaft

- schnelles Nachlassen der Konzentration
- insbesondere ungeliebte Aufgaben werden schnell abgebrochen
- bei Fragen oder Problemen wird keine Unterstützung bzw. Hilfe eingefordert, sondern ebenfalls die Aufgabenbearbeitung abgebrochen bzw. „abgeschaltet“
- es wird grundsätzlich nur das Minimum an Leistung, Aktivität, Aufgabenbearbeitung etc. erbracht, welches eingefordert wird
- oder selbst dieses wird verweigert, indem sich Arbeitsanweisungen widersetzt wird, Hausaufgaben nicht vorliegen

(2) Bereich der Zuverlässigkeit und Sorgfalt

- Absprachen werden nicht eingehalten
- Aufgaben werden unvollständig erfüllt
- Hefte und Arbeitsunterlagen sind unordentlich und werden nicht nach den vereinbarten Vorgaben geführt
- Lern- und Arbeitsmaterialien werden vergessen
- der Umgang mit Büchern, Materialien, Geräten usw. ist unsachgemäß und zeugt von wenig Verantwortungsbewusstsein

Veränderung im Sozialverhalten

Schulmüdigkeit und Schulverweigerung geht i.d.R. auch mit Veränderungen im Sozialverhalten sowie der Position im sozialen Klassengefüge einher: Der Schüler kapselt sich von seinen Mitschülern ab, ist ein Unruhestifter oder ein ständiges Opfer von Bullying. Zu betonen ist hierbei, dass sich die im Folgenden vorgeschlagenen Indikatoren ausschließlich auf das Sozialverhalten im weiteren schulischen Kontext beziehen (Unterricht, Unterrichtsgänge, Klassenfahrten etc.), jedoch nicht deren Verhalten im privaten Bereich mit umfassen. Verhaltensweisen im privaten Bereich liegen zunächst außerhalb des Verantwortungsbereichs des Lehrers bzw. der Lehrerin, zudem wäre eine verantwortungsvolle Erfassung und Beurteilung mit Sicherheit nicht leistbar.

Konkrete Anregungen für Indikatoren ergeben sich wiederum aus der Handreichung:

(1) Bereich des Konfliktverhaltens

- es findet keine Auseinandersetzung mit Kritik an der eigenen Leistung oder generell mit anderen Standpunkten statt, dies wird sofort abgeblockt
- abweichende Meinungen werden nicht akzeptiert und zugelassen
- respektloser und unhöflicher Umgang mit Personen, die eine andere Meinung vertreten
- an anderen wird unangemessen und unbegründet Kritik geübt

(2) Bereich der Kooperationsbereitschaft

- es werden keine Aufgaben und Pflichten für die Klasse/Gruppe wahrgenommen
- vereinbarte Regeln werden nicht eingehalten
- es wird versucht, immer die eigenen Interessen durchzusetzen
- es wird anderen keine Hilfe angeboten bei Problemen
- Leistungen anderer werden als solche nicht anerkannt, sondern abgewertet

Grundsätzlich: Das Erfassungssystem ist ein Unterstützungsprozess, kein Kernprozess!

Neben diesen bisher angeführten Indikatoren lassen sich in den ausgewerteten Projektmaterialien noch eine ganze Reihe weiterer Aspekte auffinden, die sich systematisch erfassen lassen: traumatische oder kritische Ereignisse (Krankheiten, Tod, Gewalterfahrungen, Umzüge etc.), familiäre bzw. häusliche Konstellationen (Trennungen, Geschwister, wirtschaftlicher Hintergrund, Arbeitslosigkeit etc.), besondere psychische oder physische Merkmale (frühpubertär, sehr groß, sehr klein etc.), Eltern-Lehrerkontakte usw.

Dies birgt allerdings eine Gefahr: Je differenzierter das Erfassungssystem wird, desto aufwendiger wird es. Man verfällt leicht darin, die Erfassung der Symptome nun als Kernprozess zu sehen und vorschnell eine Stigmatisierung der identifizierten SchülerInnen vorzunehmen. Doch genau das soll solch ein Erfassungssystem – verstanden als Frühwarnsystem – nicht bewirken. Vielmehr geht es darum, möglichst früh, schnell und mit wenig Aufwand erste Hinweise zu erhalten, dass hier ein Schulmüdigkeits- bzw. Schulverweigerungsproblem vorliegen könnte. Auf dieser Basis sollte dann in einem zweiten Schritt genauer hingeschaut werden und die Problematik im individuellen Fall hinterfragt werden, z.B. im Rahmen eines persönlichen Gespräches. Das Erfassungssystem stellt also lediglich ein Unterstützungsprozess dar, es stellt keinesfalls bereits die Lösung des Problems dar. Für die Lösung des Problems bedarf es weiterer Maßnahmen, die im Weiteren dargestellt werden.

Auch sollte darauf geachtet werden, dass keine Parallelstrukturen entwickelt werden. So werden vielfach bereits eine große Menge an Daten zu den o.g. Indikatoren z. B. in Klassenbüchern gesammelt oder aber im Rahmen der Noten zum Arbeits- und Sozialverhalten beurteilt – aber eben nicht zentral und systematisch zusammengetragen, beispielsweise im Schulsekretariat. Hier gilt es Wege zu überlegen, wie sich diese Daten bündeln und prägnant darstellen lassen, z. B. mittels eines Ampelsystems:

- Grün markiert SchülerInnen, die bzgl. der Indikatoren wenig auffällig sind
- Gelb markiert SchülerInnen, die als Kurzzeit- oder Intervallverweigerer gelten können: mit ziemlicher Regelmäßigkeit werden immer mal wieder Stunden oder Tage geschwänzt, Aufgaben nicht erledigt, Arbeitsmaterialien vergessen etc. Hier gilt es genauer hinzuschauen und möglichst schnell zu reagieren.
- Rot markierte SchülerInnen, die eine hohe Anzahl von sowohl entschuldigten als auch unentschuldigten Fehlstunden haben und/oder eine Vielzahl der Negativ-Indikatoren im Arbeits- und Sozialverhalten aufweisen. Hier bedarf es massiver Interventionen in Zusammenarbeit mit Eltern und Schulsozialarbeit.

3.2.3 Schulinterner Verfahrenskatalog mit festgelegter Schrittfolge

> „Wir haken sofort nach, wenn jemand nicht da war: Was lag da für ein Grund vor?
> Dadurch erleben die Mädchen bei uns, dass das kontrolliert wird und einfach auch wahrgenommen wird... Das wird häufig auch positiv als Zuspruch erlebt, weil einfach jemand noch mal fragt: He, was war los? Erzähl doch mal!"
> (Projektmitarbeiterin)

Das Ampelsystem deutet es schon an: Entscheidend für den Erfolg ist, dass der Jugendliche möglichst schnell und unmittelbar eine sichtbare Reaktion auf sein schulverweigerndes Verhalten erfährt. Dies ist insbesondere im Übergang vom grünen zum gelben Stadium von hoher Bedeutung. Hier kann bereits ein gezieltes Nachfragen und Ansprechen ausreichen. Andere Möglichkeiten sind eine telefonische Benachrichtigung der Erziehungsberechtigten (verbunden wiederum mit einer „verständnisvollen Kommunikation") oder auch Hausbesuche, wie der folgende Bericht eines Lehrers zeigt: „Wenn ich höre, da kommt einer nicht zur Schule, dann gehe ich mit meiner ganzen Truppe los und hole die ab... Das ist dann auch immer peinlich für die, wenn die ganze Klasse zur Tür rein kommt und sagt:

‚Wo ist denn der und der?'. Ich hab da schon einige abgeholt und die gehen dann auch mit. Dieses Vorgehen hilft ungemein… Wenn ich am Anfang des Schuljahres zwei bis drei Schüler abgeholt habe, dann wissen die Bescheid und dann legt sich das ganz schnell.“

Entscheidend für den Erfolg ist es dabei, dass das Handeln abgestimmt und einem einheitlichen Schema folgt – und nicht, wie es vielfach beklagt wird, der eine „Hü“ und der andere „Hott“ sagt. Dies gibt insbesondere auch den Lehrpersonen ein Gefühl von Sicherheit und führt zu einer Entlastung: So muss nicht bei jedem Einzelfall jeder einzelne Schritt neu überlegt werden. Auch werden die Zuständigkeiten damit eindeutig geklärt.

Folgendes Handlungsschema, welches z.T. auf Entwicklungen im Landkreis Oldenburg zurückgeht, kann hier als Anregung dienen:

Reaktionen beim Auftreten von mehrmaligem unentschuldigtem Fehlen bzw. anderen Merkmalen, die auf Schulverweigerung hinweisen

Gespräch mit der Schülerin/dem Schüler

Zur Ursachenergründung wird zunächst ein Gespräch mit dem Schüler geführt durch ...

- Persönliche Reaktion zeigen, Problemverhalten wertneutral ansprechen: Mir ist aufgefallen, dass ...
- Sichtweise und Problemerklärung des Schülers erfassen und verstehen: Wie nimmst du die Situation wahr? Welches sind deine Gedanken, Empfindungen, Erklärungen etc. hierfür?
- angemessene pädagogische Reaktion: z.B. Treffen einer gemeinsamen Zielvereinbarung, der beide zustimmen können (siehe Kap. 3.2.5)

Information der Eltern

Parallel dazu werden die Eltern schriftlich oder telefonisch durch die Klassenlehrkraft informiert.

Gespräche mit den Erziehungsberechtigten

Bringt dies keinen Erfolg, wird ein Erstgespräch mit den Eltern geführt (siehe hierzu die Hinweise in Kap. 2.2.2)

- Kennenlernen des elterlichen Umfeldes
- Abbau von Schwellenängsten
- Herstellen einer Vertrauensebene
- Sensibilisierung und Schaffung eines Problembewusstseins
- gemeinsame Erwartungshaltungen klären
- Möglichkeiten der Zusammenarbeit besprechen und vereinbaren

Bleiben diese Maßnahmen erfolglos, kommt es zu einer

Fallbesprechung

mit Erziehungsberechtigten, SchülerIn, beteiligten Lehrkräften, Schulsozialarbeit (Federführung hat die Klassenleitung)

- Analyse des Falls
- Abstimmung über einen Förderplan bzw. weitere pädagogische Maßnahmen, z. B. Telefonanrufe, Hausbesuche, Briefe der Klasse, Aufsuchen der Clique, Schülerpatenschaften, Erhöhung der individuellen Schulbesuchszufriedenheit, Zusammenarbeit mit dem Beratungslehrer, Kontakt zu Beratungsstellen wie Psychologische Beratungsstelle oder Schulpsychologe, Meldung der Schulpflichtverletzung als pädagogische Maßnahme parallel zu anderen Maßnahmen etc.

> **Allgemeine Kennzeichen**
>
> - Der Jugendliche wird in den Mittelpunkt gestellt und aktiv an allen Fragen beteiligt.
> - Es werden unterschiedliche Akteure über Systemgrenzen hinweg zusammengeführt.
> - Es werden Verbindlichkeiten für die Beteiligten geschaffen durch die Beschreibung von Zielen, die Festlegung von Maßnahmen zur Erreichung der Ziele und die Überprüfung, ob die Ziele erreicht wurden.

In vielen Projekten wird dann als Ergebnis der Fallbesprechung ein Förderplan aufgestellt, der der individuellen Problemkomplexität Rechnung trägt. Dieses Vorgehen ist insbesondere aus der Förderschulpraxis bekannt. Allerdings bedarf es in dem hier betrachteten Anwen-dungsfeld nicht einer solchen meist sehr aufwendigen Vorgehensweise, die regelmäßige Diagnostik, halbjährliche Lernberichte etc. beinhaltet. Ausreichend ist hier ein „kleiner" Förderplan, in dem in Abstimmung mit allen beteiligten Akteuren weitere Schritte festgelegt werden.

Der Blick sollte hier wiederum zunächst auf die Potentiale und Ressourcen der Person gerichtet werden, denn hier finden sich meist überraschende Ansatzpunkte für sinn- und wirkungsvolle Handlungsstrategien im Umgang mit den Defiziten. Andersherum gilt: Was bisher keinen Erfolg hatte, wird auch in Zukunft nicht zur Lösung führen.

- Welche Stärken, Fähigkeiten, Kenntnisse hat der/die SchülerIn? (allgemein, fachlich, im Arbeitsverhalten, im Sozialverhalten, Interessen und Vorlieben)
- Welche Aktivitäten vollzieht er gerne? Wo reagiert er bzw. sie demgegenüber mit Widerstand, wo steigt er/sie aus, blockt ab etc.?
- Welche Defizite müssen am dringendsten behoben werden? (allgemein, fachlich, im Arbeitsverhalten, im Sozialverhalten)
- Welche bereits vorhandenen Stärken und Fähigkeiten können hierfür hilfreich sein bzw. genutzt werden?
- Welche konkreten Konsequenzen ergeben sich hieraus für fördernde Aktivitäten und Handlungsstrategien?
- Wer übernimmt für welche Aktivität die Verantwortung? (Lehrer, Eltern, Schüler) Was genau werden die konkreten Schritte sein? (Was genau?, wie genau?, bis wann?)
- Welche sonstigen bzw. externen Hilfen sind notwendig?

Grundsätzlich: Seien Sie immer für eine Überraschung gut!

Ein festgelegtes Handlungsschema bringt auf lange Sicht Sicherheit und Routine im Umgang mit Schulverweigerern. Es fällt dadurch allen Lehrkräften im Kollegium leichter, sich „passend" zu verhalten bzw. die „richtigen" Schritte einzuleiten. Allerdings sei auch an dieser Stelle wieder darauf hingewiesen, dass ein festgelegtes Ablaufschema und die damit in aller Regel verknüpften Formblätter und standardisierten Briefe zunächst nur als Unterstützungsprozess fungieren, der Kernprozess ist die persönliche Interaktion zwischen LehrerIn und SchülerIn sowie ggf. den weiteren beteiligten Akteuren. In der Art und Weise, wie der direkte Kontakt gestaltet wird, entscheidet sich letztlich, ob es gelingt, gemeinsam wirkungsvolle Handlungsstrategien zu entwickeln und umzusetzen.

Zwischenmenschliche Interaktionsprozesse sind dabei allerdings nur bis zu einem gewissen Grad vorhersagbar und steuerbar. Somit ist es wichtig, sich ein gewisses Maß an Flexibilität zu bewahren. Aus der Theorie und Praxis systemischer Intervention (vgl. z.B. O'Connor/McDermott 2006; Watzlawick u.a. 2009) wissen wir zudem, dass es häufig die unerwarteten und ungewöhnlichen Reaktionen sind, die eine Veränderung bewirken. So könnte man beispielsweise (vgl. Thimm o.J.)

- den Jugendlichen mit einem persönlichen Brief überraschen
- die Klasse oder den Jugendlichen selbst um Beratung bitten, was die Lehrkraft tun kann
- morgens zu dem Schüler bzw. der Schülerin gehen und Kontakt aufnehmen
- sich fünf anerkennende Botschaften gegenüber dem jungen Menschen für die kommende Woche vornehmen
- sich gegenseitig etwas voneinander wünschen und die Realisierung kurz "feiern"
- die Mutter bzw. den Vater anrufen: „Stellen Sie sich vor, X hat heute nicht geschwänzt."
- vor der Stunde fragen: „Wie sieht dein Stresspegel zwischen 0 und 10 aus?"; „Was soll ich heute machen/lieber nicht machen, damit wir ohne ‚Unfall' durch den Tag kommen?"

Die zunächst sehr erstaunlich scheinende Wirksamkeit solcher Interventionen lässt sich anhand der von Paul Watzlawick u.a. (2009, S. 51ff.) eingeführten Unterscheidung von „Lösungen erster Ordnung" und „Lösungen zweiter Ordnung" erklären: Im Alltag versuchen wir häufig,

Probleme durch „mehr desselben“ aufzulösen. Wenn der Lehrer merkt, dass seine Kritik an der Unpünktlichkeit des Schülers keinen Erfolg hat, wird er noch heftiger kritisieren und ggf. drohen. Hierbei handelt es sich um einen Lösungsversuch, der sich auf derselben Ebene wie das Problem befindet, also eine Lösung erster Ordnung. Dies wird selten zu einer positiven Lösung führen, sondern meist zur Verstärkung des Problems: Der Schüler wird noch unpünktlicher kommen oder sogar ganz wegbleiben. Das heißt, die bisherigen Lösungsversuche sind Teil des Problems.

Daraus ergibt sich ein ebenso grundlegendes wie einfaches Prinzip für die Auflösung solcher Regelkreise bzw. Interaktionsmuster: Vermeidung der bisherigen Lösungen und „etwas anderes tun“ (Lösungen zweiter Ordnung). Richard Fisch, einer der bekanntesten Vertreter der lösungsorientierten Therapie, die dieses Prinzip weiterentwickelt hat (Fisch u.a. 1996, S. 143), beschreibt dies folgendermaßen:

„Aller Wahrscheinlichkeit nach besteht der wichtigste Schritt der Behandlung darin, sich völlig klar darüber zu werden, was man vermeiden muss; wir bezeichnen das als das ‚Minenfeld‘. Ein Großteil der Planung zwischen oder vor den Sitzungen zentriert sich auf die Frage: ‚Was muss ich am dringendsten vermeiden?‘ Die Antwort wird sich in erster Linie aus der Grundrichtung der Bemühungen des Klienten (und anderer) um die Bewältigung des Problems ergeben. So muss man zum Beispiel unbedingt vermeiden, dem Vater, der gewohnheitsmäßig Gehorsam von seinem Sohn verlangt, vorzuschlagen: ‚Sie müssen sich mehr bemühen, Ihren Sohn zur Fügsamkeit zu bewegen‘, und ebenso wird man dem Schlaflosen nicht sagen: ‚Sie müssen sich noch mehr anstrengen, um einzuschlafen‘ ...

Effektive Strategien wirken für gewöhnlich um 180 Grad der Anstrengung des Patienten entgegengesetzt.“

3.2.4 Exkurs: Rechtliche Rahmenbedingungen

Im Zusammenhang mit der Diskussion und Entwicklung eines schulinternen Verfahrenskatalogs taucht immer auch die Frage nach den rechtlichen Rahmenbedingungen und dem sich daraus ergebenden Handlungsspielraum für Schule auf. Im Folgenden sollen daher einige gesetzliche Grundlagen dargestellt werden – exemplarisch verdeutlicht am Schulgesetz NRW.

Einhaltung der Schulpflicht

Nach den Schulgesetzen der Länder sind Schülerinnen und Schüler grundsätzlich verpflichtet, regelmäßig am Unterricht teilzunehmen. Die Verantwortung für die Einhaltung dieser Teilnahme obliegt zunächst den Eltern, so die expliziten Ausführungen im SchulG NRW §§ 41, 43:

§ 41 Verantwortung für die Einhaltung der Schulpflicht

(1) Die Eltern melden ihr schulpflichtiges Kind bei der Schule an und ab. Sie sind dafür verantwortlich, dass es am Unterricht und an den sonstigen verbindlichen Veranstaltungen der Schule regelmäßig teilnimmt, und statten es angemessen aus.

(2) Bei Schülerinnen und Schülern im Bildungsgang der Berufsschule obliegt die Verantwortung für die regelmäßige Teilnahme auch der oder dem Ausbildenden oder der Arbeitgeberin oder dem Arbeitgeber (Mitverantwortliche für die Berufserziehung); sie zeigen der Berufsschule den Beginn und die Beendigung des Ausbildungs- oder Arbeitsverhältnisses an.

(3) Lehrerinnen und Lehrer, Schulleiterinnen und Schulleiter sind verpflichtet, Schulpflichtige, die ihre Schulpflicht nicht erfüllen, zum regelmäßigen Schulbesuch anzuhalten und auf die Eltern sowie auf die für die Berufserziehung Mitverantwortlichen einzuwirken.

(4) Bleibt die pädagogische Einwirkung erfolglos, können die Schulpflichtigen auf Ersuchen der Schule oder der Schulaufsichtsbehörde von der für den Wohnsitz oder gewöhnlichen Aufenthalt zuständigen Ordnungsbehörde der Schule zwangsweise gemäß §§ 66 bis 75 Verwaltungsvollstreckungsgesetz NRW zugeführt werden. Das Jugendamt ist über die beabsichtigte Maßnahme zu unterrichten.
§ 126 bleibt unberührt.

(5) Die Eltern können von der Schulaufsichtsbehörde durch Zwangsmittel gemäß §§ 55 bis 65 Verwaltungsvollstreckungsgesetz NRW zur Erfüllung ihrer Pflichten gemäß Absatz 1 angehalten werden.

§ 43 Teilnahme am Unterricht und an sonstigen Schulveranstaltungen

(1) Schülerinnen und Schüler sind verpflichtet, regelmäßig am Unterricht und an den sonstigen verbindlichen Schulveranstaltungen teilzunehmen. Die Meldung zur Teilnahme an einer freiwilligen Unterrichtsveranstaltung verpflichtet zur regelmäßigen Teilnahme mindestens für ein Schulhalbjahr.

(2) Ist eine Schülerin oder ein Schüler durch Krankheit oder aus anderen nicht vorhersehbaren Gründen verhindert, die Schule zu besuchen, so benachrichtigen die Eltern unverzüglich die Schule und teilen schriftlich den Grund für das Schulversäumnis mit. Bei begründeten Zweifeln, ob Unterricht aus gesundheitlichen Gründen versäumt wird, kann die Schule von den Eltern ein ärztliches Attest verlangen und in besonderen Fällen ein schulärztliches oder amtsärztliches Gutachten einholen.

(3) Die Schulleiterin oder der Schulleiter kann Schülerinnen und Schüler auf Antrag der Eltern aus wichtigem Grund bis zur Dauer eines Schuljahres vom Unterricht beurlauben oder von der Teilnahme an einzelnen Unterrichts- oder Schulveranstaltungen befreien. Längerfristige Beurlaubungen und Befreiungen bedürfen der Zustimmung der Schulaufsichtsbehörde. Dauerhafte Beurlaubungen und Befreiungen von schulpflichtigen Schülerinnen und Schülern zur Förderung wissenschaftlicher, sportlicher oder künstlerischer Hochbegabungen setzen voraus, dass für andere geeignete Bildungsmaßnahmen gesorgt wird.

(4) Alle Schülerinnen und Schüler sind während schulischer Veranstaltungen sowie auf den Wegen von und zu diesen im Rahmen der gesetzlichen Unfallversicherung nach dem SGB VII gegen Unfall versichert.

Erzieherische Einwirkungen und Ordnungsmaßnahmen

Im Runderlass des Kultusministeriums NRW vom 26.3.1980 zur Teilnahme am Unterricht (vgl. BASS 2009/10, 12-52 Nr.1) wird zudem darauf hingewiesen, dass die Pflicht zur Teilnahme am Unterricht nicht lediglich die Anwesenheit bedeutet, sondern auch Mitarbeit umfasst. Die Schule ist daher verpflichtet, Leistungsverweigerungen vor allem mit pädagogischen und erzieherischen Mitteln zu begegnen. Ebenso soll bei einem von einer Schülerin oder einem Schüler zu vertretenden Unterrichtsversäumnis zunächst durch erzieherische Einwirkung versucht werden, eine Verhaltensänderung zu bewirken. Erst wenn die erzieherischen Einwirkungen erfolglos bleiben, kommen Ordnungsmaßnahmen in Betracht. Bei der Anwendung von Ordnungsmaßnahmen ist der Grundsatz der Verhaltensmäßigkeit zu beachten. Ergänzend wieder die entsprechenden Ausführungen im Schulgesetz NRW (§ 53):

§ 53 Erzieherische Einwirkungen, Ordnungsmaßnahmen

(1) Erzieherische Einwirkungen und Ordnungsmaßnahmen dienen der geordneten Unterrichts- und Erziehungsarbeit der Schule sowie dem Schutz von Personen und Sachen. Sie können angewendet werden, wenn eine Schülerin oder ein Schüler Pflichten verletzt. Der Grundsatz der Verhältnismäßigkeit ist zu beachten. Ordnungsmaßnahmen sind nur zulässig, wenn erzieherische Einwirkungen nicht ausreichen. Einwirkungen gegen mehrere Schülerinnen und Schüler sind nur zulässig, wenn das Fehlverhalten jeder oder jedem Einzelnen zuzurechnen ist.

(2) Zu den erzieherischen Einwirkungen gehören insbesondere das erzieherische Gespräch, die Ermahnung, Gruppengespräche mit Schülerinnen, Schülern und Eltern, die mündliche oder schriftliche Missbilligung des Fehlverhaltens, der Ausschluss von der laufenden Unterrichtsstunde, die Nacharbeit unter Aufsicht nach vorheriger Benachrichtigung der Eltern, die zeitweise Wegnahme von Gegenständen, Maßnahmen mit dem Ziel der Wiedergutmachung angerichteten Schadens und die Beauftragung mit Aufgaben, die geeignet sind, das Fehlverhalten zu verdeutlichen. Bei wiederholtem Fehlverhalten soll eine schriftliche Information der Eltern erfolgen, damit die erzieherische Einwirkung der Schule vom Elternhaus unterstützt werden kann. Bei besonders häufigem Fehlverhalten einer Schülerin oder eines Schülers oder gemeinschaftlichem Fehlverhalten der Klasse oder Lerngruppe soll den Ursachen für das Fehlverhalten in besonderer Weise nachgegangen werden.

(3) Ordnungsmaßnahmen sind:

1. der schriftliche Verweis,
2. die Überweisung in eine parallele Klasse oder Lerngruppe,
3. der vorübergehende Ausschluss vom Unterricht von einem Tag bis zu zwei Wochen und von sonstigen Schulveranstaltungen,
4. die Androhung der Entlassung von der Schule,
5. die Entlassung von der Schule,
6. die Androhung der Verweisung von allen öffentlichen Schulen des Landes durch die obere Schulaufsichtsbehörde,
7. die Verweisung von allen öffentlichen Schulen des Landes durch die obere Schulaufsichtsbehörde.

Rechtsbehelfe (Widerspruch und Anfechtungsklage) gegen Ordnungsmaßnahmen nach Satz 1 Nr. 2 und 3 haben keine aufschiebende Wirkung. § 80 Abs. 4, 5, 7 und 8 der Verwaltungsgerichtsordnung bleibt unberührt.

(4) Maßnahmen nach Absatz 3 Nr. 4 und 5 sind nur zulässig, wenn die Schülerin oder der Schüler durch schweres oder wiederholtes Fehlverhalten die Erfüllung der Aufgaben der Schule oder die Rechte anderer ernstlich gefährdet oder verletzt hat. Bei Schulpflichtigen bedarf die Entlassung von der Schule der Bestätigung durch die Schulaufsichtsbehörde, die die Schülerin oder den Schüler einer

anderen Schule zuweisen kann. Die Entlassung einer Schülerin oder eines Schülers, die oder der nicht mehr schulpflichtig ist, kann ohne vorherige Androhung erfolgen, wenn die Schülerin oder der Schüler innerhalb eines Zeitraumes von 30 Tagen insgesamt 20 Unterrichtsstunden unentschuldigt versäumt hat.

(5) Maßnahmen nach Absatz 3 Nr. 6 und 7 sind nur zulässig, wenn die Anwesenheit der Schülerin oder des Schülers aus Gründen der Sicherheit nicht verantwortet werden kann. Diese Entscheidung bedarf der Bestätigung durch das Ministerium. Soweit die Schülerin oder der Schüler die Schulpflicht noch nicht erfüllt hat, ist für geeignete Bildungsmaßnahmen zu sorgen.

(6) Über Ordnungsmaßnahmen nach Absatz 3 Nr. 1 bis 3 entscheidet die Schulleiterin oder der Schulleiter nach Anhörung der Schülerin oder des Schülers. Die Schulleiterin oder der Schulleiter kann sich von der Teilkonferenz gemäß Absatz 7 beraten lassen oder ihr die Entscheidungsbefugnis übertragen. Den Eltern und der Klassenlehrerin oder dem Klassenlehrer oder der Jahrgangsstufenleiterin oder dem Jahrgangsstufenleiter ist vor der Entscheidung Gelegenheit zur Stellungnahme zu geben. In dringenden Fällen kann auf vorherige Anhörungen verzichtet werden; sie sind dann nachzuholen.

(7) Über Ordnungsmaßnahmen nach Absatz 3 Nr. 4 und 5 entscheidet eine von der Lehrerkonferenz berufene Teilkonferenz. Der Teilkonferenz gehören ein Mitglied der Schulleitung, die Klassenlehrerin oder der Klassenlehrer oder die Jahrgangsstufenleiterin oder der Jahrgangsstufenleiter und drei weitere, für die Dauer eines Schuljahres zu wählende Lehrerinnen und Lehrer oder Mitarbeiterinnen und Mitarbeiter gemäß § 58 als ständige Mitglieder an. Weitere, für die Dauer eines Schuljahres zu wählende Mitglieder sind eine Vertreterin oder ein Vertreter der Schulpflegschaft und des Schülerrates. Diese nehmen an Sitzungen nicht teil, wenn die Schülerin oder der Schüler oder die Eltern der Teilnahme widersprechen.

(8) Vor der Beschlussfassung hat die Teilkonferenz der betroffenen Schülerin oder dem betroffenen Schüler und deren Eltern Gelegenheit zu geben, zu dem Vorwurf der Pflichtverletzung Stellung zu nehmen; zu der Anhörung kann die Schülerin oder der Schüler eine Person des Vertrauens aus dem Kreis der Schülerinnen und Schüler oder der Lehrerinnen und Lehrer hinzuziehen.

(9) Ordnungsmaßnahmen werden den Eltern schriftlich bekannt gegeben und begründet.

Zwangsmaßnahmen: Zwangsgeld und zwangsweise Zuführung der Schule

Durch die Schulpflicht beschränkt der Staat das elterliche Erziehungsrecht. So kann er seinen Anspruch auf Schulbesuch im Interesse des Kindeswohls gegenüber den Erziehungsberechtigten und bei berufsschulpflichtigen Schülern auch gegenüber dem für die Berufsausbildung Mitverantwortlichen mit Zwang durchsetzen.

Hier besteht neben der Androhung und Festsetzung eines Zwangsgeldes gegenüber den Verantwortlichen (z. B. gemäß Verwaltungsvollstreckungsgesetz des Landes Nordrhein-Westfalen, VwVG NRW) auch die Möglichkeit der zwangsweisen Zuführung des Schülers bzw. der Schülerin zur Schule. Zwangsmaßnahmen zum Nachteil der Verantwortlichen haben dabei den Zweck, zukünftig gesetzkonformes Verhalten zu schaffen (Prävention) und der Abschreckung zu dienen. Grundsätzliche Voraussetzung hierfür ist, dass eine erzieherische Einwirkung nicht ausreicht oder erfolglos bleibt.

Wird das festgesetzte Zwangsgeld nicht gezahlt, so kann das Verwaltungsgericht auf Antrag der Vollzugsbehörde eine Ersatzzwangshaft anordnen. Voraussetzung dafür ist, dass bei der Forderung, das Zwangsgeld zu entrichten, auch auf diese Konsequenzen hingewiesen worden ist.

In der Praxis ersucht die jeweilige Schulleitung die zuständige Ordnungsbehörde schriftlich um die Durchführung einer zwangsweisen Zuführung, i.d.R. unter Angabe der Personendaten des Schülers und des Erziehungsberechtigten. Von dort wird dann beispielsweise das Kommunale Ordnungsamt mit der Durchführung beauftragt.

Ordnungswidrigkeiten/-verfahren

Wer als Eltern, ArbeitgeberIn oder als SchülerIn fahrlässig oder gar vorsätzlich gegen die Pflichten aus dem Schulgesetz NRW verstößt, begeht eine Ordnungswidrigkeit. Neben den zuvor genannten Zwangsmaßnahmen, aber auch unabhängig davon, kommt daher die Ahndung einer Ordnungswidrigkeit mittels einer Geldbuße in Betracht. Diese Ordnungswidrigkeiten werden im § 126 des Schulgesetzes NRW folgendermaßen benannt:

§ 126 Ordnungswidrigkeiten

(1) Ordnungswidrig handelt, wer vorsätzlich oder fahrlässig

1. als Eltern der Verpflichtung zur Anmeldung zum Schulbesuch nicht nachkommt (§ 41 Abs. 1 Satz 1),
2. als Eltern nicht für die Teilnahme ihres Kindes an der Feststellung des Sprachstandes sorgt (§ 36 Abs. 2 und 3),
3. als Eltern nicht dafür sorgt, dass ein zur Teilnahme an einem vorschulischen Sprachförderkurs verpflichtetes Kind regelmäßig daran teilnimmt (§ 36 Abs. 2 und 3),
4. als Eltern, als Ausbildende oder Ausbildender oder als Arbeitgeberin oder Arbeitgeber nicht dafür sorgt, dass die oder der Schulpflichtige am Unterricht und an den sonstigen Veranstaltungen der Schule regelmäßig teilnimmt (§ 41 Abs. 1 Satz 2, Abs. 2),
5. als Schülerin oder Schüler nach Vollendung des 14. Lebensjahres die Schulpflicht in der Sekundarstufe I (§ 37) oder die Schulpflicht in der Sekundarstufe II (§ 38) nicht erfüllt,
6. als Träger einer Ergänzungsschule diese ohne die erforderliche Anzeige (§ 116 Abs. 2) errichtet oder betreibt,
7. als Träger einer Ergänzungsschule oder einer freien Unterrichtseinrichtung durch die Bezeichnung oder die Verwendung von Zeugnissen, Schulverträgen oder Werbematerialen § 116 Abs. 5 und 6 oder § 119 Abs. 1 zuwiderhandelt.

(2) Die Ordnungswidrigkeit kann mit einer Geldbuße geahndet werden, die in den Fällen des Absatz 1 Nr. 6 und 7 bis zu 5.000 Euro beträgt. Nach der Entlassung der oder des Schulpflichtigen aus der Schule ist die Verfolgung der Ordnungswidrigkeit gemäß Absatz 1 Nr. 5 unzulässig.

(3) Für die Verfolgung und Ahndung der Ordnungswidrigkeiten sind die Schulaufsichtsbehörden zuständig.

(4) Geldbußen, die durch rechtskräftige Bescheide eines Schulamtes festgesetzt sind, fließen in die Kasse des Kreises oder der kreisfreien Stadt, für die das Schulamt zuständig ist.

Das Bußgeld hat im Gegensatz zu den Zwangsmaßnahmen nur den Zweck, einen in der Vergangenheit begangenen Gesetzesverstoß – hier gegen die Pflichten aus dem Schulgesetz – zu ahnden (Repression). Daher sollte vor der Einleitung eines Ordnungswidrigkeitenverfahrens immer erst von der Möglichkeit der zwangsweisen Zuführung Gebrauch gemacht werden.

Bei der Verfolgung von Ordnungswidrigkeiten gilt das Opportunitätsprinzip, dem Handeln nach pflichtgemäßem Ermessen. Je schwerer jedoch die Ordnungswidrigkeit, desto geringer der Handlungsspieraum, also das Ermessen. Ist das 14. Lebensjahr zur Zeit der Pflichtverletzung bereits vollendet, so soll und kann die Verfolgung der Ordnungswidrigkeit gezielt gegen den Schüler selbst durchgeführt werden (nach dem neuen Schulgesetz NRW).

Wird ein verhängtes Bußgeld nicht bezahlt, so kann dies bei Erwachsenen zu einer gerichtlich angeordneten Erzwingungshaft führen, bei Jugendlichen und Heranwachsenden besteht die Möglichkeit, eine erzieherische Maßnahme zu beantragen. Das eröffnet die Möglichkeit auf Anordnung des Jugendgerichtes anstatt einer Geldbuße Arbeitsauflagen zu erfüllen. Solch eine Arbeitsauflage wird recht häufig verhängt, da sie eine starke Sühnefunktion beinhaltet. Wenn ein Jugendlicher oder Heranwachsender jedoch auch dieser nicht nachkommt, besteht die Möglichkeit, Jugendarrest bis zu einer Woche anzuordnen (§ 11 Abs. 3 JGG).

Zur Praxis: Trifft eine Schulleitung die Entscheidung, dass die von der Schule durchgeführten erzieherischen Maßnahmen nicht zum Erfolg geführt haben und ein Schüler bzw. eine Schülerin weiterhin seinen/ihren Pflichten nach dem Schulgesetz NRW nicht nachkommt, so meldet sie diese Ordnungswidrigkeit an die zuständige Schulaufsichtsbehörde. Hierfür ist eine Ordnungswidrigkeitsanzeige auszufüllen. Wichtig ist dabei

- eine saubere Dokumentation der konkreten Schulpflichtverletzungen seitens der Schule sowie
- ein rasches Handeln, um die Verjährungsfrist zu wahren.

Von der zuständigen Schulaufsichtsbehörde ergeht dann ein Bußgeldbescheid inklusive einem Anhörungsbogen an den Betroffenen. Der Betroffene kann innerhalb von zwei Wochen nach Zustellung gegen diesen Einspruch einlegen. Erfolgt nach einem Einspruch nicht die Rücknahme des Bußgeldbescheides oder die Einstellung des Bußgeldverfahrens, so verhandelt das zuständige Amtsgericht über die Angelegenheit. Bei Jugendlichen und Heranwachsenden ist dies das Amtsgericht als Jugendgericht.

Die konkreten Ansprechpartner und gültigen Formblätter sind jeweils vor Ort abzuklären. Exemplarisch sei auf die Internetseiten des Kreis Düren (*www.kreis-dueren.de*; unter Schule > Lehrerinfo > Leitfäden: Schulpflichtverstoss) verwiesen. Hier finden sich eine ganze Reihe an Formblättern und nützlichen Vorlagen:

- Dokumentationsbogen für erzieherische Einwirkung
- Schulbesuchsmahnung an die Erziehungsberechtigten
- Androhung der Zwangszuführung
- Antrag auf Zwangszuführung
- Antrag auf Einleitung eines Bußgeldverfahrens
- etc.

3.2.5 Positive Schulkultur

> „Wenn die Schüler erfahren, dass ihr Wort auch wichtig ist, dann wirkt sich das auch auf das Lernverhalten aus. Also emotionale Bindung und auch Beteiligung an Schule."
>
> (Projektmitarbeiterin)

Neben den bisher speziell auf das Problem der Schulverweigerung ausgerichteten Hinweisen lassen sich in den Projektberichten zudem zahlreiche Beispiele finden, die auf einer allgemeinen Ebene darauf abzielen, Schule als einen gemeinsam gestalteten Arbeits- und Lebensraum zu verwirklichen, in dem sich alle Akteure – SchülerInnen, Eltern und LehrerInnen – wieder finden und entwickeln können. Viele dieser Ansätze und Vorgehensweisen – wie beispielsweise der Einsatz schülerorientierter Unterrichtsmethoden, die Forderung nach eigenverantwortlichem Arbeiten etc. – sind seit langem bekannt und stellen grundsätzliche Forderungen an einen zeitgemäßen Unterricht dar (vgl. z. B. Bennack 2004). Diese sollen an dieser Stelle nicht wiederholt werden. Vielmehr sollen Anregungen gegeben werden, die insbesondere im Umgang mit Schulmüdigkeit und Schulverweigerung viel versprechend erscheinen.

Partizipation und gemeinsame Auftragsklärung

Lernen ist ein Vorgang, der sich im Inneren eines Menschen abspielt und von außen lediglich angeregt, aber nicht vollständig gesteuert werden kann – Lernen ist letztlich ein selbstgesteuerter Prozess.

Genau diese Grenze des eigenen Lehrerhandelns führen uns schulverweigernde Jugendliche immer wieder deutlich vor Augen. Nimmt man diesen Grundgedanken, der sich insbesondere in Ansätzen der systemisch-konstruktivistischen Pädagogik wieder findet, ernst, so hat dies nicht nur Auswirkungen auf die konkrete Unterrichtsgestaltung, sondern es stellen sich einige grundsätzliche Fragen (vgl. auch Graf 2006, S. 93):

- Wie gehen wir in der Schule mit Bildungsinhalten und Fragen um?
- Machen wir uns kundig über angemessene Zeitpunkte für Lehren und Lernen?
- Respektieren wir verschiedene Rhythmen, Bedürfnisse und Vorkenntnisse?
- Und gelingt es uns, dann möglichst genau das anzubieten, was für unsere SchülerInnen subjektiv als bedeutsam und wichtig erlebt wird? Oder lehren wir ausschließlich das, was sie nach Meinung von uns Fachleuten zu einem bestimmten Zeitpunkt „brauchen", weil wir als Erwachsene wissen, „was" das ist und „wann" der richtige Zeitpunkt hierfür ist?

Wenn wir annehmen, dass Wissen im Lernenden entsteht und nicht von außen „eingefüllt" wird, dann ergibt sich folgende zentrale Konsequenz für die konkrete Unterrichtsgestaltung: Raum geben für Suchprozesse. Hierfür sind insbesondere Fragen ein unschätzbar kostbares Anregungsinstrument: Sie öffnen und regen Suchprozesse an – im Gegensatz zu Lehrvorträgen und vorgegebenen Antworten. Entsprechend sollte die Lehrperson immer wieder in den Dialog mit den Schülern eintreten und zusammen mit diesen klären, was Fragen und Anliegen sind, aber auch die von außen gesetzten Forderungen (z. B. des Lehrplanes) verdeutlichen. Hieraus gilt es dann, gemeinsame Aufträge zu formulieren – sowohl für die Lehrperson als auch für die SchülerInnen.

Von der Zielvereinbarung zum Projektmanagement

In diesem Zusammenhang wird häufig mit Zielvereinbarungen bzw. Zielverträgen gearbeitet, in dem vereinbarte Ziele und Schritte sowie Rechte und Pflichten beider Vertragsparteien (LehrerIn und SchülerIn) schriftlich festgehalten und mit einer Unterschrift besiegelt werden. Voraus gehen solch einem Vertrag zunächst intensive Gespräche und Verhandlungen, in denen alle Vertragsparteien ihre Meinungen und Bedürfnisse einbringen. Dies kann zum einen alltägliche Themen des Schulalltags betreffen, wie beispielsweise den Umgang mit Hausaufgaben.

Hausaufgabenvertrag

Vereinbarung zwischen den Lehrern und den Schülerinnen und Schülern der Klasse ____ .

Die Abmachung gilt ab ____________________

1. Alle Lehrer der Klasse ______ tragen die zu Hause zu erledigenden Aufgaben in ein Hausaufgabenposter ein. Sind die Aufgaben nicht eingetragen, haben sie keine Gültigkeit.
2. Die Lehrer stimmen gemeinsam mit den Schülern das Maß der Hausaufgaben ab. Die Dauer der häuslichen Tätigkeit sollte an einem Tag ______ Stunden nicht überschreiten.
3. Die Lehrer geben zu Montag nichts auf.
4. Die Schüler führen ein Hausaufgabenbuch, in das jeden Tag eingetragen wird. Jeweils in der letzten Schulstunde eines Tages überprüft der Partner, ob die Eintragungen mit dem Hausaufgabenposter übereinstimmen. Der Partner unterschreibt und ist mit für die Richtigkeit verantwortlich.
5. Der unterrichtende Lehrer und der Klassensprecher sorgen dafür, dass immer genügend Zeit für die Eintragungen vorhanden ist.
6. Die Schüler führen einen Selbstbeobachtungsbogen, in dem sie vermerken, ob die Hausaufgaben erledigt wurden und ob das benötigte Material mitgebracht wurde.
7. Der Klassenlehrer fertigt ein Poster an, aus dem alle Lehrer und Schüler entnehmen können, ob der tägliche Zielwert erreicht wurde.
8. Wenn nach sechs Wochen die Zielrate von 80 Prozent erreicht ist (als Durchschnitt der letzten fünf Tage), wird die Klasse in der darauf folgenden Woche folgende Aktion veranstalten:

____

______________________ ______________________

Unterschrift Lehrer Unterschrift Schüler

Zum anderen kann aber auch die Schulverweigerung selbst zum Gegenstand des Vertrages gemacht werden, dies zeigt folgendes Beispiel in Anlehnung an ein Projekt der Stadt Herten:

Vereinbarung zwischen der Schule ____________________
der Schülerin/dem Schüler ____________________
und den Erziehungsberechtigten ____________________

Die Abmachung gilt ab ____________________

Allgemeines
Nach dem Schulgesetz NRW sind Schülerinnen und Schüler grundsätzlich verpflichtet, regelmäßig am Unterricht teilzunehmen. Die Verantwortung für die Einhaltung dieser Teilnahme obliegt den Eltern. Die Sicherstellung eines regelmäßigen Schulbesuchs bedarf einer vertrauensvollen Zusammenarbeit aller Beteiligten. Diese Vereinbarung soll einen Beitrag hierzu leisten.

Leistungen der Schule
Die Schule verpflichtet sich, die Eltern bei unentschuldigter Abwesenheit unaufgefordert noch am selben Tage telefonisch zu informieren. Die Schule verpflichtet sich außerdem, für Rückmeldungen und Gespräche mit den Eltern während der Zeit von ….. bis ….. Uhr telefonisch unter der Rufnummer erreichbar zu sein. Die Schule verpflichtet sich zudem, mit allen ihr zur Verfügung stehenden Mitteln den Schüler dabei zu unterstützen, die Versetzung in die Klasse ... zu schaffen.

Leistungen der Schülerin / des Schülers
Der Schüler verpflichtet sich, regelmäßig am Unterricht teilzunehmen. Sollte die Teilnahme aus nachvollziehbaren Grund nicht möglich sein, holt der Schüler zunächst das Einverständnis seiner Eltern ein.

Leistungen der Eltern
Die Eltern sorgen für die regelmäßige Teilnahme ihres Kindes am Unterricht und informieren die Schule bei Fehlen wegen Erkrankung oder aus anderen Gründen bereits am ersten Tag des Fehlens telefonisch.

Die Eltern sichern zu, dass sie unter den angeführten Rufnummern tagsüber zu erreichen sind. Die Rufnummern und Ansprechpartner lauten:

____

Unterschrift Lehrer	Unterschrift Schüler	Unterschrift Eltern
____________________	____________________	____________________

Grundsätzlich sind bei solchen Verträgen folgende Kriterien zu beachten:

(1) ***Prinzip der gemeinsamen Aushandlung:***

Jeder Vertragspartner hat Bedürfnisse, die er bzw. sie mit einbringen können muss. Entsprechend gibt es auf allen Seiten Rechte und Pflichten. Die Vereinbarung und deren Erfüllung muss für alle Seiten attraktiv und erstrebenswert sein, nur dann ist das Ergebnis solcher Verhandlungen tragfähig und belastbar.

(2) ***Prinzip der Zielorientierung:***

Die Verträge müssen konkrete und spezifische, d.h. messbare Ziele beinhalten. Die Ziele sollten für alle Vertragspartner realisierbar und erreichbar sein. Es sollten zudem eindeutige Kriterien festgelegt werden, anhand derer sich die Zielerreichung überprüfen lässt.

(3) ***Prinzip der Überschaubarkeit:***

Dies betrifft zum einen die Inhalte, zum anderen die zeitliche Gültigkeit. So sollte die Vereinbarung möglichst kurz und prägnant gehalten sein, die Ausführungen müssen für alle Seiten verständlich und eindeutig sein – auf eine pädagogische Fachsprache sollte also verzichtet werden. Es sollte zudem ein überschaubarer zeitlicher Rahmen festgelegt werden. „Ewig währende" Verträge geraten schnell in Vergessenheit und existieren bald nur noch auf dem Papier. Sie kennen dieses Phänomen vielleicht von den zahlreichen Regelplakaten, die inzwischen in vielen Klassenzimmern hängen: Irgendwann gehören diese zum Inventar und werden nicht mehr bewusst wahrgenommen, geschweige denn in praktisches Handeln umgesetzt.

Allerdings kann solch ein Vorgehen bei schulverweigernden SchülerInnen durchaus problematisch sein: So hängt der Erfolg vor allem davon ab, inwieweit der Schüler bzw. die Schülerin kontraktfähig ist, d.h. er bzw. sie muss in der Lage sein, Vereinbarungen einzuhalten oder dies bei solchen Gelegenheiten zumindest lernen zu wollen. Ist dies nicht der Fall, kann sich das Problem der Schulverweigerung im schlimmsten Fall verschärfen, da der Fokus häufig zu sehr auf das Ergebnis, den erfüllten Vertrag gelegt wird. Die Folge sind dann i.d.R. negative Sanktionen, wenn der Vertrag nicht erfüllt wird, was unweigerlich zu weiteren Misserfolgserlebnissen auf Seiten des Schülers bzw. der Schülerin führt. Sinnvoller ist es in solchen Fällen, sich stärker auf den Prozess und die Schritte, weniger auf das Ergebnis bzw. das Ziel zu konzentrieren. Bewährt haben sich hier Methoden aus dem Projektmanagement:

Mit den SchülerInnen werden mit Hilfe von Projektstrukturplänen, Aktivitätenplänen, Kraftfeldanalysen etc. gemeinsame Projekte geplant und durchgeführt.

Beispiel für einen Projektstrukturplan

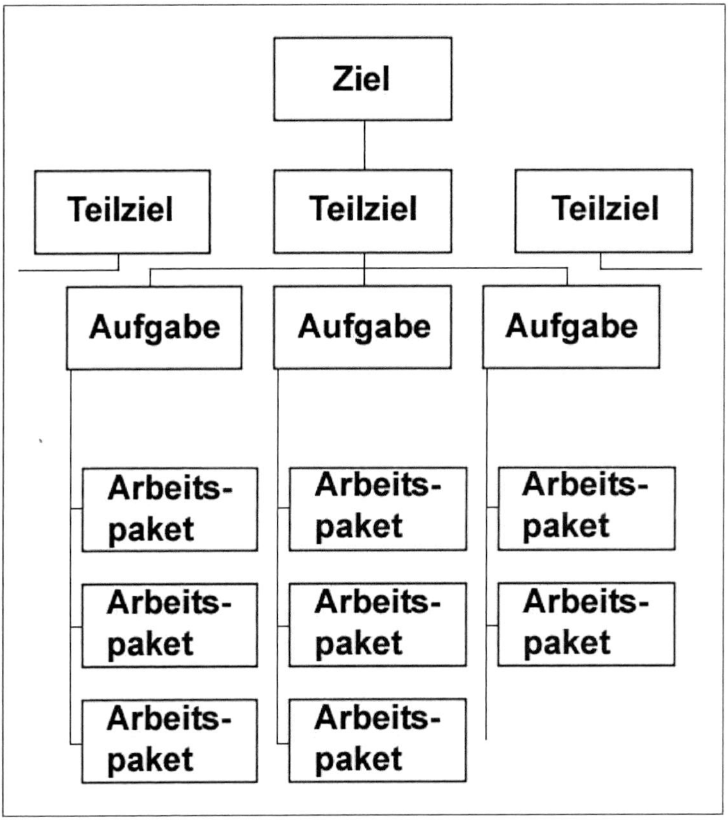

Methode der Kraftfeldanalyse

In jeder Problemsituation, die man verändern will, trifft man in der Regel auf Kräfte und Interessen, die

- eher die Veränderung bremsen und behindern, z. B.: Was hindert mich daran, regelmäßig in die Schule zu kommen, aktiv mitzuarbeiten, zu Hause zu lernen etc.?
- aber auch auf solche, die die Veränderung fördern und unterstützen, z. B.: Was motiviert mich, wer oder was könnte den regelmäßigen Schulbesuch unterstützen etc.?

Ziel der Kraftfeld-Analyse ist es, eine gezielte und wirksame Strategie zur Überwindung des Widerstandes gegen die Veränderung zu entwickeln. Dies erfolgt in folgenden Schritten:

(1) Analyse des derzeitigen Zustands des Problems in Hinblick auf das Kräftefeld, das auf den bzw. die SchülerIn einwirkt (inkl. der eigenen Fähigkeiten und Motivationen):

- Welches sind die Kräfte, die eine Veränderung unterstützen und erleichtern? (Pro-Kräfte)
- Welches sind die Kräfte, die Veränderung behindern und bremsen? (Gegen-Kräfte)

Hierzu kann folgendes Standardarbeitsblatt verwendet werden (ggf. Übertragung auf ein Flipchart):

Pro-Kräfte (Für die beabsichtigten Veränderungen förderlich) **Unterstützung**		**Gegen-Kräfte** (Für die beabsichtigten Veränderungen bremsend) **Hinderlich**	
Kraft	**Bewertung**	**Kraft**	**Bewertung**

(2) Versuchen Sie danach, gemeinsam mit dem/der SchülerIn die Kräft zu bewerten: 1 = gering; 2 = mittel; 3 = stark

(3) Überlegen Sie wiederum gemeinsam, in welcher Weise die verschiedenen Kräfte zu beeinflussen sind:

- Was kann die Pro-Kräfte stärken?
- Was kann die Pro-Kräfte schwächen?
- Was kann die Gegen-Kräfte stärken?
- Was kann die Gegen-Kräfte schwächen?

Es müssen dabei nicht alle Kräfte gestärkt bzw. geschwächt werden. Die vorgenommene Bewertung der Kräfte gibt ihnen Hinweise drauf, welches die Kräfte mit der größten Hebelwirkung sind. Um eine Veränderung zu bewirken, reicht es in vielen Fällen aus, eine Pro-Kraft sowie eine Gegen-Kraft mit der Wertung 3 zu stärken bzw. zu schwächen.

In regelmäßig stattfindenden Meilensteingesprächen wird schließlich der Fortschritt besprochen sowie gemeinsam die Konsequenzen für die weitere Projektgestaltung diskutiert. Hierdurch kommen schließlich die allgemeinen Vorzüge eines projektorientierten Unterrichts zur Geltung: Es ermöglicht ein hohes Maß an Eigenaktivität sowie ein „Erleben" der eigenen Stärken und Schwächen im praktischen Handeln. Und gerade das praktische Tun spielt für schulmüde Jugendliche eine große Rolle: „Wir hatten ja zum Beispiel das Projekt mit der Sonnenuhr im Technikunterricht. Wir haben uns dann in der Gruppe selbst überlegt, was gehört zur Sonnenuhr und was nicht. Wir haben halt unser eigenes Projekt gemacht. Gegen Ende kam unser Lehrer dann an und hat gesagt: ‚Ihr habt das, das und das falsch gemacht'. Und dann mussten wir das halt noch mal richtig machen, weil der Lehrer uns ja Noten gegeben hat. Aber das war gut, dass man sein eigenes Projekt hatte" (Schüler).

Die Berichte von SchülerInnen aus solchen projektorientierten Klassen machen zudem deutlich, dass dies auch durchaus kleinere Aktionen sein können, wie beispielsweise das Gestalten von Plakaten (vgl. Bührmann u.a. 2008, S. 51ff.): „Ich finde das gut, dass wir selber was machen. Wir mussten zum Beispiel einmal ein Plakat über mögliche Berufe im Metallbereich erstellen. Da haben wir auf jeden Fall mehr verstanden, als wenn die Berufe einfach an der Tafel gestanden hätten und wir hätten die abschreiben müssen. Wenn wir mal etwas selber machen, dann verstehen wir mehr, als wenn wir nur stur sitzen und zuhören müssen. Dann hört man nach einiger Zeit sowieso nicht mehr zu."

Praxis- und Handlungsorientierung

- selbst erkunden, erproben, entdecken
- Herstellen von Handlungsprodukten
- Subjektive Schülerinteressen werden zum Ausgangspunkt des Unterrichts
- Beteiligung der SchülerInnen bei Planung, Durchführung und Auswertung des Unterrichts
- Öffnung der Schule nach außen und von außen

An den o.g. Beispielen wird bereits deutlich, dass für die Jugendlichen der Praxis- und Handlungsbezug der Unterrichtsinhalte eine entscheidende Rolle spielt – oder allgemeiner ausgedrückt: Den SchülerInnen müssen persönlich bedeutsame Lerninhalte angeboten werden. Dies ist einer der zentralsten Erfolgsfaktoren von außerschulischen Maßnahmen. Die häufig sehr enge Anbindung an Lehrwerkstätten sowie die konsequente Einbindung von Betriebspraktika führen hier häufig zu einer neuen Motivation des schulischen Lernens: „Durch das praktische Arbeiten konnte ich mich selber besser kennenlernen. Ich konnte einfach sehen: Da bin ich gut und da bin ich schlecht. Und dann merkt man, es ist gar nicht so schwer, da ein bisschen besser zu werden. Und dann geht man auch wieder lieber zur Schule und macht den Schulabschluss nach, statt für eine Leihfirma zu knechten" (Schüler).

Entscheidend ist es in diesem Kontext, die persönlich bedeutsamen Ziele eines Jugendlichen – z. B. „Ausbildung", „Geld verdienen", „zu Hause ausziehen" etc. – ernst zu nehmen und mit dem schulischen Lernangebot hieran anzuknüpfen. Das Ergebnis des Unterrichts muss für den Schüler einen (Gebrauchs-)Wert haben, dies verdeutlicht folgender Bericht eines Jugendlichen: „Vorher habe ich ja nur abgehangen, hier mal ein Job und da mal ein Job. Dann habe ich meine Freundin kennengelernt. Und irgendwie dachte ich dann daran, dass ich auch mal eine Familie haben will. Und trotzdem ein schnelles Auto und in den Urlaub fahren will. Dann hat mir Herr xy deutlich gemacht, dass ich dafür eine gute Ausbildung brauche. Und dafür brauchte ich aber erst mal einen Schulabschluss. Und auf einmal machte das alles Sinn, ich wusste, wofür ich das alles mache. Das hat mir geholfen, durchzuhalten."

Es gibt inzwischen zahlreiche Projekte und Praxisbeispiele, die zeigen, wie dies auch in der Regelschule umgesetzt und mit der Vermittlung von Inhalten des Lehrplanes verzahnt werden kann: Die Möglichkeiten reichen über gezielte Kooperation mit regionalen Betrieben, die Gründung eigener Schulfirmen, die Teilnahme an Schülerwettbewerben bis hin zur Planung und Organisation eines Schulfestes, die Bearbeitung von Songtexten im Englischunterricht etc. Unterstützung in NRW bieten hier beispielsweise

- die Stiftung der Wirtschaft und der Landesregierung Nordrhein Westfalen: *www.partner-fuer-schule.nrw.de*
- regionale Arbeitskreise SCHULEWIRTSCHAFT: *http://www.bildungswerk-nrw.de/sw.html*
- regionale Arbeitskreise der Wirtschaftsjunioren mit Projekten wie beispielsweise „Wirtschaftsjunioren in die Schule“, „Schülertreff“ etc.

Einen anregenden - wenn auch nicht mehr aktuellen - bundesweiten Überblick über unterschiedliche Schulfirmen findet sich im Internet unter *www. schuelerfirmen.de*. Hier finden sich zudem konkrete Hinweise und Materialien, die sich in erster Linie an die SchülerInnen selbst richten, die eine Firma gründen wollen.

Ein gutes und insbesondere bei dem Problem der Schulverweigerung bewährtes Beispiel für ein lebenswelt- und handlungsorientiertes Bildungscurriculum findet sich im Projekt „Coole Schule - Lust statt Frust am Lernen“ (Glinka u.a. 2006, S. 46ff.): Innerhalb eines veränderten Lernarrangements, der sog. Lernwerkstatt, wurde vormittags der Unterricht konsequent so gestaltet, dass die Lebenswelt der SchülerInnen einbezogen wird, d.h. soziale, soziobiographische und lebenskundliche Themen in das jeweilige Unterrichtsthema integriert waren. Der Unterricht ist dabei am Rahmenlehrplan eines Kernfaches (Deutsch, Mathematik, Arbeitslehre, Fremdsprache) orientiert, wurde jedoch flexibel gestaltet. Zusätzlich wird durch produktive Tätigkeiten im Nachmittagsbereich (sog. Erfahrungswerkstatt) an den individuellen Fähigkeiten und Bedürfnissen der SchülerInnen angesetzt, um davon ausgehend eine Perspektivenöffnung und -erweiterung der eigenen Fähigkeiten herzustellen – unter dem Motto: Neugier für noch „fremde“ Bereiche wecken und eigene Fähigkeiten „entdecken“. Beispiele für Projektarbeiten in der Erfahrungswerkstatt sind

- Fahrradwerkstatt mit Reparaturannahme
- Herstellung von Holzspielzeug für den Kindergarten
- Schmuckherstellung für den eigenen Gebrauch
- Werkstatt für Textilarbeiten
- etc.

Eine anregende Lernumgebung schaffen

Ein weiterer zentraler Aspekt ist die Lernumgebung: Das Umfeld beeinflusst in einem erheblichem Maße sowohl die Lernleistung als auch die Lernmotivation – und letztlich das Wohlbefinden sowohl von SchülerInnen als auch von Lehrkräften. Dies umfasst zum einen die räumliche Umgebung und Ausgestaltung der Schule bzw. Klassenräume, zum anderen die soziale Umgebung, das Klassenklima. Zu einer anregenden Lernumgebung – insbesondere von schulmüden Jugendlichen – gehört, dass jeder Schüler bzw. jede Schülerin einen individuellen Platz hat – sowohl räumlich gesehen als auch im sozialen Gefüge der Klasse.

(1) Räumliche Umgebung

Die Möglichkeiten der räumlichen Gestaltung sind vielfältig, lässt man der Phantasie und der Kreativität der SchülerInnen – und auch der Eltern – freien Lauf. Das Hauptproblem hierbei ist, dass wir uns i.d.R. viel zu schnell an die Umgebung gewöhnen und die Wirkung, die ein Raum auf die Stimmung und Atmosphäre hat, häufig nicht mehr bewusst wahrnehmen und reflektieren. Wichtig ist es hier, die eigene Wahrnehmung immer wieder zu schärfen:

- Lassen Sie beim Betreten eines Raumes die Atmosphäre, die dieser ausstrahlt, auf sich wirken und versuchen Sie, dies in Worte zu fassen: eher kalt oder eher warm, eher einladend oder eher abweisend, eher ordentlich bzw. strukturiert oder eher chaotisch etc.
- Nehmen Sie immer auch andere Perspektiven ein: Wie wirkt der Raum mit dem Blick von vorne, wie wirkt er mit dem Blick von hinten?
- Erfragen Sie den Eindruck von SchülerInnen, von Eltern und auch von externen Personen, die nicht aus dem Schulsystem kommen – und nehmen Sie diese Wahrnehmungen als eine andere und ergänzende Sicht der Dinge ernst.

Unterstützung für die konkrete Umsetzung einer schülerorientierten Umgestaltung und Renovierung von Klassenräumen bietet die bundesweite Initiative „Das-macht-Schule“: *www.das-macht-Schule.de*. Auf den Internetseiten finden sich Beispiele für Projekte sowie Checklisten, die von der Planung, dem Einkauf von Materialien bis hin zur Finanzierung solcher Projekte reichen.

(2) Soziale Umgebung

Auch im Blick auf das Klima, die soziale Stimmung, ist es wichtig, von Zeit zu Zeit eine Bewertung vorzunehmen: Wie erleben die LehrerInnen, wie die SchülerInnen das Klima? Was kann jeder Einzelne tun, um das Klima zu verbessern? Relativ schnell und einfach durchführbar sind Einpunktabfragen, bei denen die SchülerInnen bzw. die Lehrpersonen die Klassensituation nach unterschiedlichen Kriterien bewerten, wie beispielsweise dem Klima, den Lernerfolg u.a. Hierfür wird ein entsprechendes Koordinatensystem an die Tafel bzw. auf ein Plakat gemalt und die Schüler sollen spontan ihren Punkt ankleben. Dies sollte im Pulk geschehen oder verdeckt an der Rückseite der Tafel und kann durchaus chaotisch erfolgen – dies gewährt eine gewisse Anonymität und Spontanität beim Kleben des Punktes.

Hierbei kann sich beispielsweise folgendes Bild ergeben:

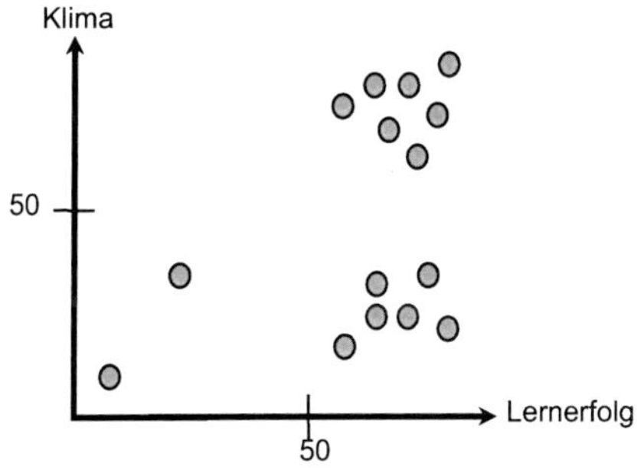

Alternativ kann auch ein eindimensionales Klimabarometer eingesetzt werden:

Oder aber eine komplexere Zielscheibe (vgl. Materialsammlung in Kowalczyk/Ottich 2004b)

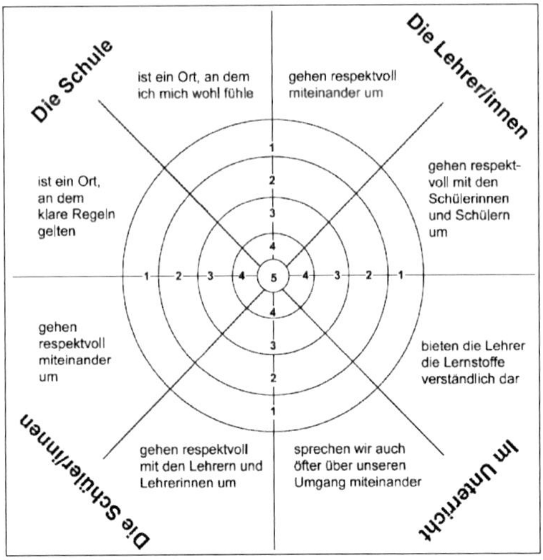

Bitte markiere in jedem der acht Kreissegmente den für Dich zutreffenden Treffer mit einem *X* (5 = trifft voll zu)!

Mit Hilfe solcher Analyseinstrumente wird schnell deutlich, ob Handlungsbedarf besteht. Bezogen auf das o.g. Beispiel: Auch wenn der Lernerfolg von der Mehrheit als hoch eingeschätzt wird, finden sich kritische Einschätzungen bzgl. des Klimas. Auffällig zudem die beiden „isolierten" Punkte, die in Bezug auf beide Aspekte deutlich im kritischen Bereich angesiedelt sind. Ein solches Ergebnis sollte Anlass sein, die Situation genauer zu klären. Dabei geht es nicht darum, die Personen hinter den Punkten bzw. Einschätzungen zu ermitteln oder aber eine zumeist fruchtlose Diskussion über die Gründe und die „Schuldigen" für diese Situation zu führen. Vielmehr sollte es darum gehen, gemeinsam mit den SchülerInnen zukunfts- und lösungsorientiert zu überlegen, wie mit dieser Klassensituationen umgegangen werden soll. Hilfreich können dabei folgende Prozessfragen sein:

- Wie bewerten die SchülerInnen dieses Bild? Als problematisch oder normal, überraschend oder altbekannt etc.
- Wie soll mit dieser Situation umgegangen werden? Soll überhaupt etwas verändert werden?
- Was kann jeder bzw. jede Einzelne tun, um die Situationen zu verändern?

Auf der Basis eines solchen Klassengesprächs kann dann bei Bedarf ein größeres Projekt „Prima Klima“ o.ä. initiiert werden. Konkrete Anregungen und Materialien hierzu finden Sie beispielsweise in der Buchreihe „Erziehen: Handlungsrezepte für den Schulalltag in der Sekundarstufe“, insbesondere in folgenden Büchern:

- Walter Kowalczyk/Klaus Ottich (2004a):
  Die Selbstdisziplin stärken – das Klassenklima entwickeln.
- Walter Kowalczyk/Klaus Ottich (2004b):
  Respektvoller Umgang miteinander. S. 60ff.
- Ottmar Hanke (2005): Die Kraft der Klasse fördern. S. 79ff.

Für die langfristige Veränderung des Schulklimas ist zudem folgendes Praxisbuch zu empfehlen:

- Shirley Everett/Lisa Carlone Steindorf (2004):
  Frieden lernen - Das Praxishandbuch für ein positives Schulklima.

Solche Projekte sollten jedoch nie ohne konkreten Anlass initiiert werden. Denn wenn kein Problembewusstsein, kein gewisser „Leidensdruck“ vorhanden ist, bleiben solche Aktionen häufig ohne Wirkung, da keine emotionale Beteiligung erfolgt. Genau deswegen sollten immer zunächst die die o.g. Analyseverfahren eingesetzt werden. Anhand dessen lässt sich entscheiden, ob sich der zusätzliche, zum normalen Schulalltag notwendige Aufwand für ein Projekt zur Verbesserung des Klassenklimas überhaupt lohnt. Auch kann anhand dessen abschließend durch eine erneute Erhebung beurteilt werden, ob und welche Wirkung das Projekt erzielt hat.

Fazit: Bilder des Gelingens suchen!

Die bisherigen Ausführungen haben es deutlich werden lassen: Dem Problem der Schulmüdigkeit und Schulverweigerung lässt sich nicht allein mit schnellen und isolierten Tricks aus der „pädagogischen Zauberkiste“ begegnen, vielmehr bedarf es einer grundlegend positiven Schulkultur. Schule muss als eine gemeinsame Angelegenheit aller Beteiligten begriffen werden, die sich entsprechend mit ihr identifizieren und deshalb auch gerne in und mit ihr leben und arbeiten, lernen und kooperieren. Wenn dies gelingt, dann kann Schule insbesondere auch den gefährdeten Jugendlichen einen notwendigen stabilen Rahmen bieten, den sie häufig im Familiensystem nicht erfahren.

Für die konkrete Umsetzung an der eigenen Schule gibt es allerdings kein allgemeingültiges Rezept. Jede Schule ist – genau wie ihre SchülerInnen, Lehrkräfte und Eltern sowie das örtliche und räumliche Umfeld – individuell und muss dementsprechend eine für sie passende Schulkultur entwickeln. Die vorangegangenen Kapitel sollten hierfür erste Anregungen und Hilfestellungen geben. Weitere sehr wertvolle Impulse lassen sich in dem Film „Treibhäuser der Zukunft“ finden. Dies beruht auf einer Initiative von Reinhard Kahl und der Deutschen Kinder- und Jugendstiftung (Archiv der Zukunft: *www.archiv-der-zukunft.de*), die gelungene Entwicklungen aus den Bildungslandschaften in Deutschland und anderen Ländern sammelt und damit „Bilder des Gelingens“ verbreiten will (Kahl 2004, S. 23):

„Zur Idee des Gelingens gehört vor allem, dass es keine Blaupausen geben kann, die irgendjemand nur noch kopieren müsste. Striktes ja/nein oder richtig/falsch reichen nicht, um die vielfältigsten Gestalten des Gelingens zu verstehen und herauszufordern. Es gibt keinen durchdeklinierbaren Masterplan, der bloß anzuwenden wäre. Das Gelingen von Organisationen hat durchaus die Ähnlichkeit mit dem von Biografien. Man muss aus Voraussetzungen, die man sich nie hat aussuchen können und die zu beklagen nichts nützt, etwas machen. Man muss von seinen eigenen Ausgangspunkt den eigenen Weg finden.

Und dennoch: Die Bilder des Gelingens können leuchtende Beispiele setzen. Aber je mehr man sich an ihnen wetzt, desto eher rufen sie das Eigene hervor. Und darum geht es!“

4. Das Teilsystem Peers im Kontext von Schulverweigerung – Risikofaktoren und praktische Handlungsempfehlungen

4.1 Risikofaktoren im System Peers

In der Sozialisationsforschung gelten die Peers schon seit langem neben der Familie und der Schule als dritte klassische Bezugsgruppe: Die Peergruppe wird häufig zu einer Art „zweiten Familie“ für die Kinder, die soziale Unterstützungsaufgaben übernimmt. Gleichzeitig werden in Freundschafts- und Peerbeziehungen grundlegende soziale Fähigkeiten und Regeln sozialer Beziehungen gelernt. Der Einfluss der Peergruppe auf die Entwicklung von Kindern und Jugendlichen dürfte sich dabei in den letzten Jahrzehnten zunehmend verstärkt haben: Das Dilemma vieler Kinder und Jugendlicher besteht darin, dass sie allzu häufig keine Erwachsenen mehr finden, die sich um sie sorgen und bereit sind, ihnen zuzuhören sowie sich ihren Fragen und Problemen zu stellen. Mehr als die Hälfte aller deutschen 15-Jährigen beklagen nach einer Unicef-Studie (2007, Fig. 4.2b), dass sich ihre Eltern kaum mit ihnen unterhalten. Viele Eltern sind – gerade in gesellschaftlichen und wirtschaftlichen Krisenzeiten – mit beruflichen Belastungen oder auch eigenen Problemen beschäftigt. Und auch in der Schule gibt es kaum Räume, für die die Entwicklung prägenden Beziehungen und für das Führen hilfreicher Gespräche – hier dominiert i.d.R. der Fachunterricht.

Im Kontext der Schulverweigerung ist die Rolle der Peers allerdings erst in den letzten Jahren verstärkt in die Betrachtung einbezogen worden, der Einfluss der Peers auf schulverweigerndes Verhalten konnte hierbei empirisch bestätigt werden. Vor dem Hintergrund der vorliegenden empirischen Ergebnisse wird im Folgenden neben den allgemeinen Einflüssen durch Peers auch auf das Problem der Delinquenz und der Freizeitbeschäftigung im Kontext von Schulveweigerung eingegangen, da beides in einem engen Zusammenhang mit der Peergruppe steht.

4.1.1 Rolle der Peers

Für den Begriff „Peer“ gibt es keine angemessene deutsche Übersetzung, „Gleichaltrige“ erfasst die Bedeutung nur unvollständig: mit Peers sind nicht nur die gleichaltrigen „Gefährten“ gemeint, sondern auch die Gleichheit der Stellung im Verhältnis zueinander. Somit ist nicht jeder Gleichaltrige ein Peer, sondern als Peer wird „… ein als Interaktionspartner akzeptierter Gleichaltriger [bezeichnet], von dem eine gewisse ‚Soziabilität‘, also die Disposition, Handlungspläne miteinander abzustimmen und zwar ohne das

Streben einander zu dominieren, verlangt wird" (Krappmann 1998, S. 364; vgl. auch Samjeske 2007, S. 177f.). Die Bildung von Peergruppen vollzieht sich vor allem über Vergleichbarkeit: Die Gruppen entwickeln Normen und Verhaltensähnlichkeiten, die die sozialen Normen von Schule oder Familie sowohl unterstützen, oder eben auch – wie im Fall der Schulverweigerung – mit ihnen in Konflikt geraten können. Die Peerbeziehungen können dabei unterschiedliche Qualitäten aufweisen: Diese reicht von flüchtigen Bekanntschaften („Kumpelfreundschaften"), in denen sich die Jugendlichen nicht öffnen und die überwiegend durch gemeinsame Aktivitäten zusammengehalten werden, bis hin zu intimen Freundschaften, in denen die Öffnungsbereitschaft sehr groß ist.

Im Blick auf Schulverweigerung spielt in diesem Zusammenhang insbesondere die Cliquenzugehörigkeit eine wichtige Rolle. Schulverweigerung ist häufig ein „Kitt-" und Loyalitätsthema in der Clique, es gilt als Mutbeweis oder aber es stellt eine reizvolle alternative Erlebniswelt dar im Gegensatz zur schulischen Langeweile. Und genau diese Soziabilität, das Abstimmen gemeinsamer Handlungspläne, wirkt sich in vielen Fällen verstärkend auf das schulverweigerende Verhalten aus. So ist zu vermuten, dass sich (gelegentliches) individuelles Schwänzen durch Gruppenkontakte verstärkt und schließlich in Schulverweigerung übergehen kann (Samjeske, 2007, S. 196 f.), darauf deuten auch die Aussagen der hier befragten Schülerinnen und Schüler hin:

- „Meine Mitschüler haben mein Schwänzen verschlimmert… Wenn ich kein Bock auf Schule hatte, hab ich mich einen Tag vorher mit den Freunden verabredet und hab dann zusammen mit 3 - 4 anderen blaugemacht. Immer mit denen, die grad Lust zum Blaumachen hatten. Dann haben wir halt abgehangen und gesoffen."
- „Ich habe nie allein geschwänzt… Der eine hat gesagt: ‚Ich hab keinen Bock morgen auf Schule' und dann hat der nächste gesagt: ‚Ich auch nicht' – und dann sind wir weggeblieben. Oder wir haben uns dann rein zufällig beim Arzt getroffen."
- „Ich hab mich einfach an die falschen Leute gehangen, dann haben wir erstmal einen Tag geschwänzt, fällt ja nicht auf, dann können wir ja noch einen Tag, fällt immer noch nicht auf, bleiben wir mal ganz weg, dann bin ich bestimmt eine ganzes halbes Jahr nicht gegangen." etc.

Entsprechend auch die Ergebnisse anderer Studien (Sturzbecher/Freytag 1997; Wagner u.a. 2004), exemplarisch seien hier die Ergebnisse der DJI-Untersuchungen zum Modellprogramm „Arbeitsweltbezogene Jugendsozialarbeit" etwas ausführlicher dargestellt (Schreiber-Kittl/Schröpfer 2002, S. 170ff.): Über die Hälfte der befragten Jugendlichen (55 %) gaben an, meist mit Schulfreunden geschwänzt zu haben. Hierbei gibt es allerdings geschlechtsspezifische und altersabhängige Unterschiede:

- Es sind eher die Mädchen, die alleine schwänzen (53 %) gegenüber „nur" noch 40 % bei den Jungen. Mädchen scheinen sich also eher zurückzuziehen, während Jungen eher den Kontakt zu Gleichgesinnten suchen.
- Je älter der Schulverweigerer ist und je länger die „Karriere" andauert, desto eher wird alleine geschwänzt.

Die Jugendlichen berichten in diesem Zusammenhang, dass das Schwänzen am Anfang ihrer „Karriere" eher ein Spiel gewesen sei, wozu sie häufig von Freunden animiert worden seien. Es wird sich in losen Gruppen zusammengeschlossen, in denen eine hohe Anzahl an Schulversäumnissen dann häufig ein positiv besetztes Merkmal ist oder als Markenzeichen der Gruppe gilt. Die Jugendlichen entwickeln in ihren Gruppen eine „eigene Welt" mit spezifisch ritualisierten Verhaltensformen, internen ausgefeilten Positionszuweisungen und oft einer massiven Abschottung nach außen (Ricking u.a. 2009, S. 34; vgl. auch Ricking/Neukäter 1997). Bei fortgesetztem Verweigerungsverhalten aber gerät man meist zunehmend in die Isolation und wird zum Außenseiter – so die Ergebnisse aus der Studie von Schreiber-Kittl/Schröpfer (2002).

Aufschlussreich sind in diesem Zusammenhang die Aktivitäten während des Schwänzens, die die Jugendlichen angeben (Schreiber-Kittl/Schröpfer 2002, S. 177f.):

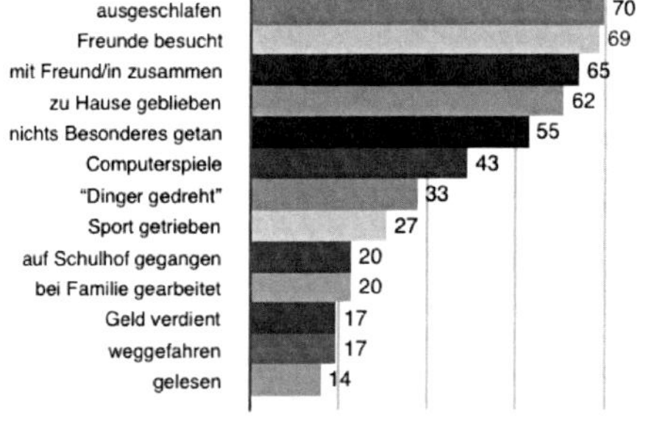

Auch hier wird deutlich, welche große Rolle das Zusammensein mit Freunden spielt, die dann – so ist zu vermuten – ebenfalls schwänzen. Selbst Computerspiele werden in vielen Fällen mit mehreren gespielt, z. B. in

Einkaufszentren und Spielhallen. Interessant ist auch eine genauere Betrachtung der Aktivität „auf Schulhof gegangen“: Die Ergebnisse der Interviews lassen deutlich werden, dass die Schule und das Schulgebäude zumindest eine Zeit lang für den Schulverweigerer bzw. die Schulverweigerin noch wichtige Sozialräume bleiben, zu den der Kontakt noch aufrechterhalten wird – viele halten sich gerade zu Beginn ihrer “Karriere” in oder in der Nähe der Schule auf. Die „Attraktion“ von Schule besteht darin, gleichaltrige Freunde und Bekannte zu treffen und sich sozial austauschen zu können. Bevorzugte Aufenthaltsräume sind der Schulhof, Raucherecken und Aufenthaltsräume, wo sie auf Schüler treffen, die Freistunden haben oder sich überzeugen lassen, auch mal eine Stunde „abzuhängen“. Im Laufe der Zeit nehmen diese Kontakte allerdings immer weiter ab, da die Gemeinsamkeiten allmählich weniger werden.

4.1.2 Delinquente Peers

Die vorangegangenen Ausführungen lassen bereits deutlich werden, dass nicht alle Peerbeziehungen grundsätzlich positiv zu bewerten und für die Entwicklung der Jugendlichen förderlich sind. So weisen Studien darauf hin, dass sich Diebstahl und Gewalt sowie andere Formen jugendlichen Risikoverhaltens (z. B. Alkohol- und Drogenmissbrauch) häufig im Kontext der Peergruppe entwickeln (Engel/Hurrelmann 1998; Lösel/Bliesener 2003) – und dies durchaus auch im Zusammenhang mit Schulverweigerung steht (Frings 2007, Oberwittler u.a. 2001, S. 71f.): Schulverweigerer sind häufiger kriminell als Schülerinnen und Schüler, die regelmäßig die Schule besuchen. Und: Obwohl nicht jeder Schulschwänzer Straftaten begeht, lässt sich dennoch umgekehrt bei Straftätern feststellen, dass viele von ihnen zuerst die Schule geschwänzt haben.

Intensivtäter nach Häufigkeit des Schulschwänzens und Geschlecht (in %)

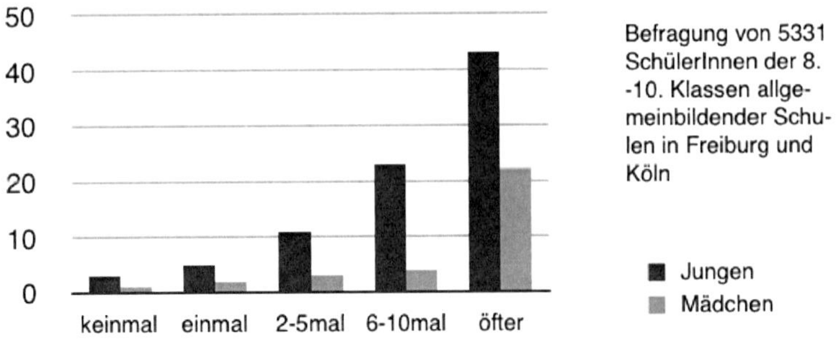

Allgemein zeichnen sich delinquente Peers durch abweichendes Verhalten aus (neben Schulschwänzen auch mutwillige Zerstörung; jemanden bestehlen, erpressen, bedrohen, verprügeln; Einbruch und Diebstahl usw.) und/oder einer positiven Einstellung dieser Verhaltensweisen gegenüber. Bei Schulverweigerern handelt es sich in erster Linie um (kleinere) Diebstähle, die mit der Finanzierung der Freizeit zu tun haben (Schreiber-Kittl/Schröpfer 2002, S. 177f.): Aufbrechen von Zigaretten- und Fahrkartenautomaten, Stehlen von Getränken bzw. Alkohol in Supermärkten und Diebstahl von CDs, Kosmetika und Kleidung sind hier die bevorzugten Handlungen. Freizeit kostet eben Geld, insbesondere für Aktivitäten, die außer Haus stattfinden.

Verschiedene Studien zu abweichendem Verhalten unterstützen die Hypothese, dass das Risiko, die Schule zu verweigern, umso höher ist, je enger ein Individuum an delinquente Freunde gebunden ist, die unkonventionelle Normen und Werte vertreten und dem regelmäßigen bzw. aktiv teilnehmenden Schulbesuch keine Bedeutung zumessen (Elliot u.a. 1979; Oberwittler u.a. 2001, Patterson u.a. 1992; Samjeske 2007). Schenkt man den Berichten der schulverweigernden Jugendlichen Glauben, ist allerdings auch anzunehmen, dass in der Praxis zudem die umgekehrte Kausalrichtung vorkommt: Schulschwänzen kann dann als Einstieg in die (Klein-)Kriminalität und die Bindung an eine delinquente Peergruppe gesehen werden – Schulverweigerung scheint dementsprechend für einige Jugendliche ein Risikofaktor für delinquentes Verhalten innerhalb der Peergruppe zu sein.

4.1.3 Unkonventionelle Freizeitbeschäftigung

Schulverweigerinnen und Schulverweigerer schaffen sich Freizeit, diese muss gefüllt werden. Schule schwänzen ist dabei für die Jugendlichen um ein Vielfaches aufwändiger, als dies von den Lehrkräften vermutet wird, es erfordert ein hohes Maß an Energie und Phantasie: Eltern und Lehrkräfte, z.T. auch Ärzte, müssen getäuscht werden; die Zeit, bis die Schule aus ist, muss irgendwo und irgendwie verbracht werden. Auch hierbei spielen die Peers, das Zusammentreffen mit Gleichgesinnten, eine entscheidende Rolle. Als unkonventionelle Aktivitäten gelten hier Freizeitbeschäftigungen wie das Treffen auf öffentlichen Straßen und Plätzen, in der Gegend herumfahren, aber auch der Besuch des Jugendzentrums, das abendliche Ausgehen in Kneipen und Diskotheken bzw. auf Partys. Die Bezeichnung „unkonventionell“ ist hier etwas irreführend: Es geht nicht darum, ob die Aktivität üblich oder unüblich ist. Entscheidend ist vielmehr, dass die Jugendlichen Aktivitäten ausführen, bei denen sie nicht oder nur in geringem

Maße mit konventionellen Normen und Werten konfrontiert werden und zudem eine niedrige soziale Kontrolle seitens Erwachsener zu erwarten haben. Das Aufeinandertreffen der Jugendlichen verläuft i.d.R. spontan und unverbindlich – und steht damit in deutlichem Gegensatz zum stark formalisierten Rahmen des Schulbesuchs. Präferiert werden vor allem risiko- und „fun"orientierte Aktivitäten, die Jugendlichen erleben dies positiv als einen erhöhten Handlungsfreiraum.

Aber auch hier ist die Richtung der kausalen Zuschreibung nicht eindeutig: Suchen sich delinquente bzw. schulverweigernde Jugendliche gezielt solche Freunde, die ebenfalls delinquent sind bzw. Schule verweigern – oder werden Jugendliche delinquent bzw. Gelegenheitschwänzer erst zu Schulverweigerern, weil sie mit ebensolchen Personen in Kontakt geraten? Dies kann bisher nicht abschließend beurteilt werden. Sicher aber ist: Jugendliche, die Schule verweigern und stattdessen unkonventionellen Freizeitaktivitäten nachgehen, erfahren in vielen Fällen eine normative Unterstützung ihrer Freunde bzw. Clique – und dies führt zu einer Verstärkung des eigenen Verhaltens.

4.2 Ansatzpunkte und Handlungsempfehlungen im System Peers

Die vorangegangenen Kapitel haben deutlich werden lassen, dass vor allem deviante Peers bei der Entstehung von Schulverweigerung eine entscheidende Rolle spielen und gruppendynamische Prozesse zusätzlich eine verstärkende Wirkung haben können. Präventive Maßnahmen sollten daher die Bindung der Schülerinnen und Schüler an die Schule, aber auch an die Gesellschaft insgesamt stärken und sie in möglichst unterschiedliche (viele) soziale Gruppen einbinden. Denn das Risiko der Übernahme von negativen Gruppennormen, wie z. B. die Schulverweigerung, ist dann am höchsten, wenn der Schüler bzw. die Schülerin nur von einer einzigen sozialen Gruppe abhängig ist (vgl. Samjerske 2007).

4.2.1 Peer-Involvement, Partizipation und Positive Peerkultur als grundlegende Ansätze

Peer-Involvement...

- versteht Jugendliche als wertvolle Ressource
- fördert eine demokratische Entwicklung
- fördert die Kompetenz der Jugendlichen
- ist freiwillig und basiert auf der Übernahme von Verantwortung

Ein zentraler Ansatz zur Prävention und Intervention auf dieser Ebene sind Peer-Involvement bzw. Peer-Education Projekte, um so eine positive Peer-Sozialisation zu unterstützen bzw. sicherzustellen (Lütgenau 2004; Nörber 2003a). Solche Projekte sehen den Einbezug Jugendlicher in sie betreffende Zusammenhänge vor. Den Jugendlichen wird Verantwortung übertragen und sie werden ernst- und wahrgenommen. Gleichzeitig gewinnt Schule durch die Beteiligung der Schülerschaft an Attraktivität und Vielfalt.

Es handelt sich hierbei um Programme, die von außen (z.B. durch eine Lehrperson oder eine sozialpädagogische Fachkraft) initiiert sind bzw. auf Betreiben der Jugendlichen mit Unterstützung von „Profis" eingesetzt wurden. Entscheidend ist hierbei, dass es sich um einen formellen, organisierten Rahmen handelt, der moderiert und durch ein Konzept geleitet wird. Davon abzugrenzen sind informelle Settings, wie beispielsweise das selbstorganisierte Zusammentreffen von Peers, welches weitestgehend frei von äußeren Verpflichtungen geschieht (sog. Peer-Kontakte).

Formen und Wirkungen des Peer-Involvement

Es lassen sich unterschiedliche Formen des Peer-Involvement unterscheiden, je nach Gegenstand der Einbindung, Organisationsform und der Beziehungsstruktur zwischen den beteiligten Personen (vgl. Kaestner 2003; Lütgenau 2004, S. 256f.). Im Blick auf die Interaktionsform zwischen den Peers lassen sich beispielsweise folgende Grundformen unterscheiden:

(1) Altersübergreifend (Cross-Age-Modell):

Ältere Schüler unterstützen jüngere (oder umgekehrt) in ihrem Lernprozess oder helfen ihnen bei Problemen. In der Beziehung zwischen den Peers liegt ein Wissens- und Fertigkeitsgefälle vor, Peers fungieren als Paten bzw. Mentoren oder aber als Multiplikatoren für Bildungs- und Erziehungsprozesse.

(2) Von Gleich zu Gleich (Peer-to-Peer-Modell):

Hier wird die Ebene der Gleichheit betont, in dem Prozess des Helfens und Begleitens lernen beide gemeinsam. Die Beziehung ist symmetrisch, allerdings gibt es eindeutige Rollenzuschreibungen, was sich gut an dem Beispiel der Streitschlichtung verdeutlichen lässt: Die Streitschlichter besitzen eine gewisse „Funktionsgewalt“, d.h. sie haben das Recht, Regeln einzuführen und deren Einhaltung zu überwachen, Gesprächsabläufe zu steuern etc.

(3) Im gegenseitigen Austausch (Reverse-Role-Modell):

Hierunter fallen Projekte, in denen neben einer symmetrischen Beziehung auch die Rollen variabel sind. Je nach Thema oder Fach ist beispielsweise ein Schüler der Berater, Unterstützer, Lernhelfer etc. – und umgekehrt. Eine besondere Herausforderung besteht hier in dem Rollenwechsel, d.h. die Jugendlichen müssen fähig sein, einen Perspektivwechsel einzunehmen.

Im schulischen Kontext haben sich in den letzten Jahren insbesondere Streitschlichter-Programme und verschiedene Umsetzungen des sog. Buddy-Projekts (siehe Kap. 4.2.2) etabliert. Darüber hinaus werden Peers häufig im Rahmen der Drogen- und Suchtprävention ausgebildet und eingesetzt. Ausführliche Studien zur Wirksamkeit solcher Programme beziehen sich allerdings meist auf Projekte aus dem Bereich der Gesundheitserziehung und Sexualaufklärung (z. B. Appel/Kleiber 2003). Die im Rahmen dieser Studie analysierten Projektberichte deuten jedoch darauf hin, dass ähnliche Wirkungen auch im Kontext der Schulverweigerung anzunehmen sind: Die Teilnahme an solchen Programmen wirkt sich positiv auf die Persönlichkeits- und Sozialkompetenz aus, führt zur Übernahme von Verantwortung und erhöht die Bindung an die Institution Schule. SchülerInnen erfahren in solchen Projekten zudem gegenseitige Wertschätzung, stärken ihre Selbst- und Fremdwahrnehmung und entwickeln alternative und tragfähige Problemlösestrategien. Studien im Kontext der Schulgewalt konnten zudem zeigen, dass bei Partizipation auf Unterrichts- und Schulebene so genannte weiche sowie harte Gewaltformen seltener auftreten und auch schuldeviantes Verhalten abnimmt (vgl. z. B. Melzer u.a. 1998, S. 211ff.).

Hieran wird bereits deutlich, dass Involvementstrategien als ein Weg zur Partizipation bzw. Teilhabe aufgefasst werden können und müssen. Dies beinhaltet eine große Anforderung für das System Schule, denn dies geht weit über eine Beteiligung der SchülerInnen am Unterrichtsgespräch hinaus und fordert von den Lehrkräften ein Zulassen neuer nicht vollständig planbarer Prozesse, die während der Arbeit immer wieder überprüft und angepasst werden müssen. Die Praxis wird dieser Anforderung nicht immer gerecht, dies zeigt die Analyse von Peer-Education Projekten durch Nörber (2003b): Häufig handelt es sich in der praktischen Umsetzung lediglich um erzieherische Programme, in denen Jugendliche für Erwachsenen-Zwecke funktionalisiert werden. Jugendliche werden von Erwachsenen trainiert und sollen in ihrem Auftrag als „Hilfscheriffs" Gleichaltrigen Wissen vermitteln und sie zum richtigen Handeln anhalten – hierbei handelt es sich zwar um Mitwirkung, nicht aber um Partizipation.

Partizipation bedeutet demgegenüber, dass alle schulischen Strategien bzw. pädagogischen Maßnahmen dem Ziel untergeordnet sind, den Schüler bzw. die Schülerin aktiv nach seinen und ihren Bedürfnissen orientiert einzubinden (Kastirke/Ricking 2004, S. 239; Ricking u.a. 2009, S. 39). Erst durch solch eine Teilhabe kann eine schulpädagogische Inklusion erreicht werden, in der alle – oder zumindest viele – SchülerInnen an unterrichtlichen und außerunterrichtlichen Aktivitäten teilnehmen. Dies geht deutlich über eine physische Anwesenheit hinaus, und beinhaltet eine innere Teilhabe am Unterricht sowie das Entwickeln und Einbringen eigener Interessen. Oberstes Ziel solcher Programme und Projekte sollte es daher sein, die schulische Teilhabe gezielt zu stärken, so dass Schule in den Augen der SchülerInnen eine akzeptierte, sinntragende und Perspektiven aufzeigende Einrichtung wird, die eben nicht gemieden wird und zu deren Anwesenheit keine Zwangsmaßnahmen notwendig sind.

Beteiligung kann dabei auf unterschiedliche Art und Weise erfolgen, dies verdeutlicht die Beteiligungsleiter nach Hart (1997, S. 41) und Kahr (2003, S. 371):

Die ersten drei Stufen der Leiter bieten keine Partizipation des Jugendlichen, sondern nutzen ihn lediglich als Mittel zum Zweck. Erst mit Stufe Vier fängt „echte" Beteiligung an, die dann über fünf Stufen hin bis zur vom Jugendlichen eigenständig initiierten Entscheidung mit Einbezug der Erwachsenen reicht. Diese Leiter stellt keine Wertung der Stufen dar und ist auch nicht als Entwicklungsfolge zu verstehen. Den einzelnen SchülerInnen sollten vielmehr unterschiedliche Möglichkeiten dargeboten werden, um sich ihren Interessen und Fähigkeiten entsprechend auf verschiedenen Stufen einbringen zu können. Nicht jeder Schüler will selbst initiieren und bestimmen, und nicht jeder gibt sich mit Zuweisungen zufrieden.

Vertrauen in die Kraft des Jugendlichen: Positive Peerkultur

Strategien der Partizipation und des Involvement beruhen auf einer zentralen Grundannahme: das Vertrauen in die Stärken von Kindern und Jugendlichen, ihre Entwicklungsaufgaben selbst bzw. in gegenseitiger Unterstützung zu meistern. Dies führt zu einem weiteren pädagogischen Ansatz: das Konzept der Positiven Peerkultur. Die Prägung dieses Begriffs erfolgte in den 1970er Jahren durch Harry Vorrath und Larry Brendtro (1985) im Starr Commonwealth, einem großen Jugendhilfeverbund in Michigan. In der deutschen Diskussion und Praxis wird dieses Konzept derzeit insbesondere durch Günther Opp vertreten (Opp/Teichmann 2008a; Opp/Unger 2006).

Positive Peerkultur ist – ähnlich wie das Konzept des Empowerment, welches in Kap. 2.2.1 im Kontext der Elternarbeit dargestellt wurde, ein Stärkenansatz. Er basiert auf verstärkter Partizipation und auf unterstützter Selbstverantwortung der Kinder und Jugendlichen. Dies erfordert eine veränderte professionelle Selbstbeschreibung der Pädagogen. Dies soll im Folgenden mit Hilfe einiger zentraler Stichpunkte skizziert werden (vgl. Opp/Teichmann 2008a, S. 17ff.):

(1) Stärkenansatz

Ein pädagogischer Stärkenansatz basiert auf dem Vertrauen in die Fähigkeiten und die Kraft des Individuums, die Lösungen für sein Problem selbst zu finden. Der Weg dahin ist eine Lebenspraxis, in der Kinder und Jugendliche notwendige Kompetenzen lernen und Fähigkeiten erwerben können. Das geschieht vor allem durch Erfahrungen von Erfolg, Bestätigung, Anerkennung und Respekt. Dies steht im Gegensatz zu einer Pädagogik, die die Defizite der Kinder und Jugendlichen möglichst genau erfassen will, um sie dann gezielt zu kompensieren. Hierin liegt ein Perspektivenwechsel: Nicht die Ziele und Absichten des Pädagogen stehen im Mittelpunkt, sondern die des Kindes bzw. Jugendlichen. Pestalozzi verdeutlicht dies 1799 sehr anschaulich in seinem „Stanser Brief“ (Pestalozzi 1932, S. 8):

„Der Mensch will so gern das Gute, das Kind hat so gerne ein offenes Ohr dafür; aber es will es nicht für dich Lehrer, es will es nicht für dich Erzieher, es will es für sich selbst... Alles, was es lieb macht, das will es. Alles, was große Erwartungen in ihm rege macht, das will es. Alles, was in ihm Kräfte erzeugt, was es aussprechen macht, ich kann es, das will es.“

(2) Kultur des Respekts

Kultur wird hier in einem erweiterten Verständnis als ein Netzwerk von Werten, Einstellungen oder Konzepten verstanden, welches sich in der Kommunikation oder in den konkreten Produkten einer Gesellschaft widerspiegelt. Im Kontext der Peerkultur ist vor allem die Tatsache bedeutsam, dass Kultur die Beziehungen der Menschen untereinander regelt und beispielsweise den Schwächeren davor schützt, sich der Willkür des physisch Stärkeren unterwerfen zu müssen. Die Regelung der Beziehung der Menschen untereinander vollzieht sich danach als kultureller Prozess über die Mitgliedschaft zu schützenden Gemeinschaften. Die Zugehörigkeit zu Gemeinschaften gewinnt dabei insbesondere in Zeiten zunehmender Individualisierung eine große Bedeutung, sie ist ein wesentlicher

Bestandteil psychischen und physischen Wohlbefindens sowie die Grundlage guter menschlicher Entwicklung.

Kultur bedeutet jedoch zugleich auch immer die Einschränkung eigener Bedürfnisse zugunsten gelingender Gemeinschaftsbeziehungen. Kultur prozesshaft betrachtet drückt sich dann in der gelingenden und routinisierten Bearbeitung von unterschiedlichen kulturellen Ansprüchen, Interessen und Konflikten aus. Dabei geht es nicht nur um Auseinandersetzung, sondern vor allem auch um Partizipation, um Kooperation und um Zuwendung zum anderen mit seiner Sichtweise, seinen Erfahrungen und biographisch begründeten Ansprüchen. Es geht zudem darum, was die Akteure miteinander teilen und was ihnen gemeinsam ist. Damit sind wesentliche Aufgaben Positiver Peerkultur umrissen:

„Es geht darum, Gemeinschaften zu bilden, die Sicherheit und ein Gefühl der Zugehörigkeit vermitteln. Gemeinschaft, in diesem Diskussionszusammenhang, zeichnet sich nicht durch in sich ruhende Harmonie aus, sondern durch die von Erwachsenen angeleitete Suche nach Kooperation und nach Konsenslösungen zwischen widersprüchlichen und konfligierenden Lebensansprüchen. Dazu müssen Routinen gelingender Konfliktaushandlung zwischen den Peers entwickelt werden, die die Erwachsenen nach Bedarf moderieren" (Opp/Teichmann 2008b, S. 24).

(3) Kooperation und Partizipation

Hierunter fallen folgende grundlegende Prozesse:

- Sehen und Gesehenwerden
- Gemeinsame Aufmerksamkeit gegenüber etwas Drittem
- Emotionale Resonanz
- Gemeinsames Handeln
- Wechselseitiges Verstehen von Motiven und Absichten

Dies erfordert nicht nur Respekt der Kinder und Jugendlichen vor sich selbst, sondern auch den Respekt gegenüber den Sichtweisen, Sorgen und Bedürfnissen der anderen. Positive Peerkultur geht dabei sogar noch einen Schritt weiter: Dahinter steht nicht nur die Vorstellung, dass die Sichtweise der Betroffenen Berücksichtigung finden soll, sondern viel weitgehender, dass die Kommunikation und die Aushandlung dieser Sichtweisen in den Mittelpunkt des pädagogischen Prozesses rücken soll. Dazu müssen die Kinder und Jugendlichen mit Mitbestimmungsrechten und einem hohen

Grad an Beteiligungsmöglichkeiten ausgestattet sein, die notwendigerweise auch die Übernahme von Verantwortung beinhaltet. Und genau hier ist die zentrale Funktion der Peergruppe in viel stärkerem Maße als bisher in die Betrachtung mit einzubeziehen.

(4) Professionalität

Positive Peerkultur, darauf wurde eingangs hingewiesen, erfordert eine grundlegend veränderte pädagogische professionelle Selbstbeschreibung. Eine der größten Befürchtungen von PädagogInnen ist in diesem Zusammenhang, dass sie ihre Autorität und Kontrolle verlieren – die sie allerdings gegenüber schulmüden und -verweigernden Jugendlichen, die ihre Autonomie nutzen, um sich von den Ansprüchen von außen zu wehren, meist gar nicht mehr in Händen halten. Und es stimmt: ein Mindestmaß an Kontrolle und die Aufrechthaltung sozialer Ordnung ist nicht nur Voraussetzung des Schulalltags, sondern auch eine wichtige Aufgabe des Pädagogen bzw. der Pädagogin. Was ist also notwendig?

Passend ist hier die recht pragmatische Forderung von Annette Lauer (1998): „Schwierige" Kinder brauchen „schwierige" Erzieher. Hiermit sind Professionelle gemeint,

- die auf schwieriges Verhalten nicht nur mit konventionellen Sanktionen reagieren.
- die sich auf die Suche der Kinder und Jugendlichen nach Grenzen einlassen und sich in diesem Prozess mit ihren eigenen Grenzen auseinandersetzen.
- die schwieriges Verhalten nicht nur als Bedrohung und Verletzung einer gegebenen oder geforderten Ordnung verstehen, sondern als Aufforderung, organisatorische und institutionelle Vorgaben kreativ und auf die vorhandenen Bedürfnisse hin zu verändern.
- die schwieriges Verhalten als Herausforderung für eigene Lernprozesse verstehen und sich auf gegenseitige Lernprozesse mit den Kindern einlassen.

Auf theoretischer Ebene lässt sich an Erich Fromm (1956, S. 25ff.) anknüpfen: Was schwierige Kinder und Jugendliche brauchen, ist die Erfahrung des Respektiertwerdens und einer Fürsorge, die sich in folgenden Dimensionen beschreiben lässt:

- *Fürsorge* um das Leben und das Wachstum einer Person in einer Beziehung
- *Verantwortung* für das Handeln, um die formulierten oder auch nicht ausgedrückten Bedürfnisse eines Menschen einzulösen
- *Wissen* um und Verständnis für die Gefühle des Anderen, auch wenn sie nicht offen zu Tage liegen
- *Affektive Zuwendung*
- Gemeinsame Vereinbarungen von *Grenzen* und Normen als Rahmensetzung für Erwartungen, Verhaltensspielräume und Ausdruck gegenseitigen Respekts.

All dies sind die Qualitäten, denen Programme des Peer-Involvement, der Partizipation oder der Positiven Peerkultur gerecht werden müssen. Das Besondere dabei ist, dass der Pädagoge diese Aufgaben und Ansprüche vor allem auch zur Aufgabe der Peergruppe macht. Insofern kann er sich ein Stück weit von einer individuellen Verantwortung lösen, die er ohnehin kaum ausfüllen kann. Er teilt seine Verantwortung mit den partizipierenden Jugendlichen und sieht seine kollegiale Verantwortung in der Zusammenarbeit mit anderen Professionellen beim Aufbau haltgebender Strukturen für positive Peergruppen-Prozesse.

Im Folgenden werden nun bewährte Beispiele für solche Projekte dargestellt, die insbesondere auch im Kontext der Schulverweigerung sinnvoll einsetzbar sind. Aber auch hier gilt: Es gibt nicht das „Standardrezept". Je nach den Voraussetzungen in der Klasse bzw. der Schule und der einzelnen SchülerInnen sind verschiedene Projekte und Programme sinnvoll. Erfolgreich an einer Schule durchgeführte Projekte oder implementierte Programme sind keine Gewähr für den Erfolg an einer anderen Schule. Selbst an derselben Schule müssen sich Projekte mit den jeweils involvierten SchülerInnen und LehrerInnen immer wieder verändern und neu abstimmen.

4.2.2 Soziales Lernen mit System: Buddy-Projekte

Vier Säulen

- Lernen von, für und miteinander: Peergroup-Education
- Buddy kommt aus dem Leben: Lebensweltorientierung
- aktive Beteiligung fördern: Partizipation
- Selbstvertrauen schaffen: Stärkenansatz

Ein inzwischen klassisches Praxisbeispiel sind sog. Buddy-Projekte („Buddy“ = engl. für Kumpel), die insbesondere seit der gleichnamigen Initiative der Vodafone Stiftung Deutschland 1999 und der Umsetzung im Rahmen von Landesprogrammen in den Folgejahren eine große Bedeutung im schulischen Alltag gewonnen haben (vgl. Faller u.a. 2007).

Ausgangspunkt ist ein Präventivprojekt zum Thema „Straßenkinder in Deutschland“ gewesen, entstanden ist hieraus dann ein umfassendes Programm zur Förderung sozialer Handlungskompetenz. Motiv und Begründungszusammenhang sind dabei gleich geblieben: Kinder und Jugendliche sollen befähigt werden, ihr Handeln als wirksam zu erleben: „Ich kann etwas!“ und „Ich kann etwas bewirken!“. Die Realisierung eines Buddy-Projektes bietet damit den Lehrkräften die Möglichkeit, mit den Mitteln des Peer-Involvement bzw. der Peer-Education verantwortliches und selbstwirksames Handeln zu fördern: Jugendliche lernen von- und miteinander, sie übernehmen Verantwortung für sich und andere. Gegenstand des Lernprozesses sind dabei akute Probleme, denen sie im Schulalltag begegnen.

Im Folgenden werden nun einige grundlegende Schritte zur Einführung solcher Projekte beschrieben.

Schritt 1: Bedarfserhebung bei Schülern

Im Sinne der Partizipation sollten die Schüler direkt von Beginn an in die Entwicklung einbezogen werden. Dies kann mittels eines „Buddy-Audits“ erfolgen:

(1) Erhebung des IST-Standes aus der Perspektive jedes einzelnen Schülers

Grundlage hierfür kann ein Fragebogen zu bestimmten Aspekten des Zusammenlebens und Zusammenlernens sein, der von den Schülern anonym ausgefüllt wird. Die Auswertung erfolgt durch die Lehrkraft.

Mögliche Fragen sind:

Wie ist das an unserer Schule?	**Stimmt total** (100 %)	**Stimmt zum Teil** (66 %)	**Stimmt eher nicht** (33 %)	**Stimmt nicht** (0 %)
Wenn jemand im Unterricht oder bei seinen Hausaufgaben Hilfe braucht, dann helfen ihm andere Schüler.	○	○	○	○
Jeder aus unserer Klasse hat jemanden, der oder die für ihn da ist – egal ob im Klassenraum oder in den Pausen.	○	○	○	○
Wenn jemand länger nicht zum Unterricht kommt, gibt es jemanden, der nachfragt, was die Gründe sind.	○	○	○	○
Wenn Schüler neu in die Klasse kommen, dann gibt es andere Schüler, die ihnen dabei helfen, sich zurechtzufinden.	○	○	○	○
Wenn ich als Schüler Fragen oder Probleme die Schule betreffend habe, kenne ich immer jemanden, der mir weiterhelfen kann.	○	○	○	○
Die Stimmung in den Pausen ist gut.	○	○	○	○
Ich fühle mich wohl in der Klasse.	○	○	○	○

(Einen vollständigen Fragebogen finden Sie im Downloadbereich zu dem Buch „Das Buddy-Prinzip" auf den Seiten *www.buddy-ev.de*)

(2) Gemeinsame Ergebnisbesprechung und Ermittlung von Verbesserungsbedarfen

Die Ergebnisse des Fragebogens werden an die Tafel geschrieben oder als Kopie an die SchülerInnen verteilt. Auf dieser Basis wird dann gemeinsam überlegt, welche Verbesserungsbedarfe es gibt. Bei der Ergebnisbesprechung ist darauf zu achten, dass die Anonymität gewahrt bleibt. Insofern ist immer wieder zu betonen, dass es bei der Auswertung nicht wichtig ist, welcher Schüler welche Bewertung abgegeben hat. Es geht vielmehr darum, gemeinsam zu überlegen, wie einzelne SchülerInnen dazu kommen, die Situation (kritisch) zu sehen. Die Fragen sind also zunächst eher allgemein zu stellen, z. B.: Was glaubt ihr, können Gründe dafür sein, dass die Stimmung in der Pause positiv und zugleich von einigen negativ eingeschätzt wird? Alle SchülerInnen sollen hier überlegen, was Gründe für negative bzw. positive Einschätzungen sein können – und wie sie sich selbst die unterschiedlichen Einschätzungen erklären.

In dieser Weise können entweder alle Punkte des Fragebogens oder aber nur die, bei denen es große Unterschiede in den Bewertungen gibt, durchgegangen werden. Insbesondere bei den Punkten, die überwiegend kritisch bewertet wurden, ist es dann wichtig, durch gezieltes Nachfragen möglichst genau zu erfassen, worin konkrete Verbesserungsbedarfe bestehen:

- Was genau heißt …?
- Was genau meinst du mit …?
- Kannst du das mal an einem konkreten Beispiel verdeutlichen?

An der Tafel sollten dann die zentralen Ergebnisse der Diskussion gesammelt werden: Welches sind die positiven Aspekte? Was läuft nicht so gut? Ein solches Tafelbild kann dann beispielsweise folgendermaßen aussehen:

Das läuft gut!	**Das läuft nicht so gut!**
im Unterricht	
• man kann mit anderen zusammenarbeiten	• nicht alle machen mit • andere müssen deshalb mehr arbeiten • wenig gegenseitige Hilfe
in der Schule	
• es gibt immer ansprechbare Lehrer	• Schwächere werden gehänselt • viel Streit zwischen den Klassen

Das eher analytische Nachfragen der Lehrkraft zu den Stärken und Verbesserungsbedarfen sollte im Hintergrund von der impliziten Frage begleitet werden, was genau die Klasse oder einzelne SchülerInnen benötigen, um die Situation verbessern zu können:

- Scheinen beispielsweise besonders solche Buddys gefragt, die dafür zuständig sind, bei Gruppenprozessen und Teamarbeiten das Miteinander zu organisieren bzw. zu moderieren?
- Besteht ein Bedarf, Hilfe und Unterstützung in Konflikten und Streitereien zwischen Schülern zu erfahren?
- Brauchen einzelne Schüler „Paten", die ihnen helfen und sich für sie verantwortlich fühlen?
- etc.

(3) Verbesserungsbedarf in Buddy-Handlungsfeldern

Die Entscheidung über die konkreten Ansatzpunkte sollten jedoch letztlich die Schüler treffen: Mit Hilfe von Klebepunkten oder Strichen sollen die Schüler nun die gesammelten Aspekte bewerten. Hierfür bekommt jeder Schüler sechs Punkte, mit denen er den Handlungsbedarf anhand der Kriterien „Wichtigkeit" und „Dringlichkeit" priorisieren kann:

- Das Thema, was am wichtigsten und dringendsten angegangen werden soll, erhält drei Punkte.
- Das Thema, was zwar ebenso wichtig, aber nicht so dringend ist, erhält zwei Punkte.
- Das Thema, was eher einem allgemeinen Veränderungswunsch ohne akute Dringlichkeit und Wichtigkeit entspricht, erhält einen Punkt.
- Alle übrigen Themen erhalten keinen Punkt.

All diese Ergebnisse des Audits sind zu dokumentieren und stellen die Grundlage für die weitere Projektentwicklung dar. Darüber hinaus können die Ergebnisse auch dazu dienen, nach einem Jahr die Entwicklungen und Veränderungen sichtbar zu machen – indem beispielsweise erneut eine Befragung der Schüler stattfindet und die Ergebnisse miteinander verglichen werden.

Schritt 2: Analyse des Schulprofils

Die Bedarfsanalyse der SchülerInnen sollte ergänzt werden durch eine Bedarfsanalyse auf Seiten der Lehrkräfte. Auch hier sollten im Rahmen einer gemeinsamen Besprechung die zentralen Problem- und Konfliktfelder erfasst werden. Zudem sollte gemeinsam überlegt werden, inwieweit die von den SchülerInnen erarbeiteten Ansatzpunkte mit zentralen Themen des Schulprogramms vereinbar sind und welche Aktivitäten bereits in diesem Bereich vorhanden sind: Wie lassen sich diese Aktivitäten und die Erfahrungen hieraus einbinden und nutzen? Denn auch hier gilt: Doppelstrukturen sind zu vermeiden!

Im Grunde geht es hier darum, einen Strategieprozess im Kollegium zu gestalten. Dies betrifft nicht nur die Entwicklung von Buddy-Projekten, sondern insgesamt die Entwicklung von Maßnahmen im Umgang mit dem Problem Schulmüdigkeit und Schulverweigerung. Ausführliche Hinweise zur Gestaltung von Strategieprozessen finden sich in Kapitel 6.

Schritt 3: Auswahl und Entwicklung eines passenden Buddy-Projektdesigns

Vor dem Hintergrund der in den Schritten 1 und 2 vorgenommenen Analysen von Bedarfen und den bereits vorhandenen Strukturen wird nun ein passendes Projekt ausgewählt. Eine gute Orientierung gibt hier das von Kurt Faller (Faller u.a. 2007, S. 26; 56) entwickelte 15-Felder-Modell, in dem ein systematischer und kompakter Überblick über Anwendungsfelder und Projektbeispiele gegeben wird:

	Schüler helfen Schülern	**Schüler lernen miteinander**	**Buddys leiten Buddys an**	**Buddys beraten Schüler**	**Buddys vermitteln bei Konflikten**
Altersübergreifend	1 Schüler als Paten	4 Schüler als Tutoren	7 Erfahrene bilden jüngere Buddys aus	10 Buddys beraten jüngere Schüler	13 Buddys unterstützen Streitschlichter
Von Gleich zu Gleich	2 Schüler als Helfer	5 Schüler helfen beim Lernen	8 Buddys unterstützen Buddys	11 Buddys beraten Peers	14 Buddys schlichten Konflikte
Im gegenseitigen Austausch	3 Schüler helfen sich gegenseitig	6 Schüler lernen voneinander	9 Austausch zwischen Buddy-Gruppen	12 Buddys beraten sich gegenseitig	15 Buddys geben Feedback zur Schlichtung

Unterschieden werden hier drei mögliche Interaktionsformen (siehe Kap. 4.2.1) und fünf Umsetzungsebenen:

(1) Schüler helfen Schülern

Hierbei handelt es sich um niedrigschwellige Aufgaben für einzelne SchülerInnen, für Klassen oder klassenübergreifende Gruppen. Im Kontext überschaubarer Projekte unterstützen sich die SchülerInnen gegenseitig oder bewältigen Aufgaben gemeinsam – und übernehmen damit Verantwortung für das Gelingen des Projektes. Beispiele sind:

- Patenprojekte für neue SchülerInnen in der Klasse oder an der Schule
- Schulweg-Buddys, die AnsprechpartnerInnen im Bus, an den Haltestationen und auf dem Schulweg sind
- Buddys, die den nicht anwesenden SchülerInnen die Hausaufgaben vorbeibringen

(2) Schüler lernen miteinander

Dies beinhaltet Projekte, in denen sich die SchülerInnen gegenseitig beim Lernen unterstützen. Es geht also nicht nur um den Erwerb einer individuellen Lernkompetenz, sondern auch um die Kompetenz, das eigene Lernen und das Lernen bzw. die Lernschwierigkeiten und -hemmnisse anderer zu reflektieren und dadurch das Lehren zu lernen. Beispiele sind:

- Hausaufgaben-Buddys
- Vorbereitungsgruppen für Tests und Prüfungen
- Deutsch-Buddys zur Unterstützung von Kindern mit Sprachschwierigkeiten

(3) Buddys leiten Buddys an

Hierbei handelt es sich um Coaching-Projekte, in denen erfahrende Buddys andere Jugendliche anleiten, in Peergruppen-Projekten aktiv zu werden und Verantwortung zu übernehmen. Beispiele sind:

- Mentoren-Projekte für Hausaufgaben-Buddys, wobei die erfahrenen Buddys Ansprechpartner für die neuen Buddys sind und mit ihnen deren Erfahrungen reflektieren
- kollegiale Beratung zwischen Buddy-Gruppen

(4) Buddys beraten Schüler

Buddys beraten andere Schüler in Einzelsprechstunden oder im Rahmen eines klassenübergreifenden Gruppenangebotes bei der Lösung von schulischen oder persönlichen Problemen. Beispiele sind:

- Beratung bei Lernschwierigkeiten oder Prüfungsangst
- Hilfe bei persönlichen Problemen und Krisen, auch bei Suchtproblematik

(5) Buddys vermitteln bei Konflikten

Hierunter fallen die klassischen Streitschlichtungsprogramme. Neben der Mediatorenrolle in einer konkreten Streitschlichtung können Buddys auch eingesetzt werden, um

- die „geschlichteten" SchülerInnen weiter zu begleiten
- den Erfolg der Streitschlichtung kritisch zu betrachten und die Umsetzung an der Schule weiter zu optimieren

Je nach dem ausgewählten Projektschwerpunkt werden unterschiedliche Zielsetzungen verfolgt, ergeben sich unterschiedliche Anforderungen an die Buddys und die begleitenden Lehrpersonen und ggf. Kooperationsmöglichkeiten bzw. -notwendigkeiten mit außerschulischen Einrichtungen. So kann es bei Projekten, die insbesondere an den Problemen schulverweigernder Jugendlicher ansetzen, sinnvoll sein, mit schulpsychologischen Beratungsstellen zu kooperieren. Bei Projekten, die im Bereich der Suchtprävention ansetzen, sollte eine Kooperation mit einem Suchthilfezentrum eingegangen werden. Häufig bestehen hier Möglichkeiten, die Buddys fundiert „ausbilden" zu lassen.

Schritt 4: Gewinnung und Qualifizierung von Buddys

Die Buddys müssen als „qualifizierte Helfer" in Partner- oder Gruppenkonstellationen selbstverantwortlich Aufgaben übernehmen. Hierfür sind bestimmte Grundkompetenzen Voraussetzung: Der bzw. die Jugendliche muss bereit sein, Verantwortung zu übernehmen, wertschätzend und vorurteilsfrei mit anderen umzugehen, demokratisch und partizipativ zu handeln und zu entscheiden. Darüber hinaus benötigen sie je nach Projektschwerpunkt spezifische Fähigkeiten, wie beispielsweise in konstruktiver Gesprächsführung, im konstruktiven Umgang mit Konflikten, Durchsetzungsvermögen etc. (vgl. Faller u.a. 2006, S. 15ff.; Kahr 2003, S. 376). Entsprechend müssen die Buddys qualifiziert werden oder aber im Vorfeld gezielt ausgesucht bzw. angesprochen werden.

An erster Stelle sollte jedoch auch hier die Schülerorientierung stehen. Denn: Genauso wichtig wie die notwendigen Grundhaltungen und Fähigkeiten sind zudem die Motivation und das Eigeninteresse des Jugendlichen bzw. der Jugendlichen. Engagement ist nur da zu erwarten, wo jemand ein persönliches Interesse an einem Thema oder einen persönlichen Bedarf verspürt. Eine gute Möglichkeit, um einen Überblick über solche Interessenlagen und potentielle Buddys in einer Gruppe zu erhalten, ist folgende Zielscheibe, in der sich die einzelnen SchülerInnen, z. B. mittels farbiger Punkte, verorten können (vgl. Faller u.a. 2006, S. 151):

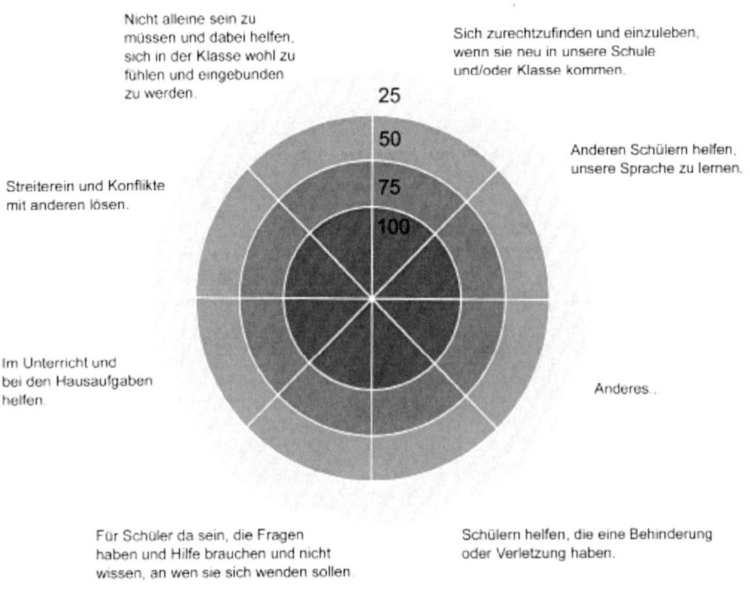

Wobei würde ich anderen Schülern am liebsten helfen?

Grundsätzlich ist bei der Gewinnung von Buddys darauf zu achten, dass ein möglichst breiter Querschnitt der Schülerschaft abgedeckt wird im Hinblick auf Geschlecht, Alter und Ethnie: Der Peereinfluss ist umso höher, je näher und ähnlicher sich die Peers sind („Gleich und gleich gesellt sich gerne.“). Weitere spezielle Kriterien können und sollten darüber hinaus gemeinsam mit der Peergruppe festgelegt werden. Diese Einbindung kann Neid und einer möglichen Außenseiterrolle aufgrund von Expertentum („Der glaubt wohl, er ist etwas besseres.“) vorbeugen.

Für die Qualifizierung lässt sich kein standardisiertes Vorgehen darstellen. Dies ist abhängig von dem Projektschwerpunkt, den Bedürfnissen und Kompetenzen der jeweiligen zukünftigen Buddys. Wichtig ist jedoch zu bedenken, dass neben einer Grundqualifizierung zudem eine kontinuierliche Unterstützung bzw. Ansprechperson zur Verfügung stehen muss, insbesondere in der Anfangsphase. Dies kann eine Lehrperson sein, die als Coach fungiert, oder aber erfahrene Buddys. Grundsätzlich ist in diesem Zusammenhang auch die Einbindung von Eltern denkbar.

Weiterführende Hinweise und Materialien

Eine ausführliche Methodensammlung (inkl. Kopiervorlagen) für Qualifizierungen findet sich in dem Handbuch von

- Kurt Faller u.a.: Das Buddy-Prinzip. Soziales Lernen mit System. Düsseldorf 2007, S. 102ff.

Unterstützungsmöglichkeiten, beispielsweise im Rahmen von Landesprogrammen, sind auf der Internetpräsenz des Buddy e.V. einsehbar:

- *www.buddy-ev.de*

Hier finden sich auch zahlreiche Projektbeispiele, die wiederum als Anregung dienen können – oder aber als Kooperations- bzw. Unterstützungspartner angefragt werden können.

4.2.3 Gemeinsam statt einsam: Peer-Counseling

> „In der Gruppe kann man reden, wenn man die ganze Woche Probleme hatte, von Mittwoch bis zum Mittwoch."

Als weiteres Beispiel soll die Einrichtung sog. Peer-Counseling-Gruppen ausführlicher dargestellt werden. Das nebenstehende Zitat eines Jugendlichen im Rahmen eines Projektes in Halle an der Saale (Teichmann 2006, S. 110, vgl. auch Unger 2008) macht dabei bereits gut deutlich, worum es im Kern in solchen Gruppenangeboten geht: Im Mittelpunkt steht das Beratungsgespräch zwischen den Peers. Der Grundgedanke dabei ist, dass Außenstehende oder Professionelle oft nur bedingt Einblick in die jeweilige Spezifik eines Lebensproblems oder einer Krise erreichen können – dies gilt auch für die Ursachen der Schulmüdigkeit und Schulverweigerung. Gerade im Fall unmittelbarer Betroffenheit sind Peers oft die besseren Ansprechpartner.

Allerdings muss hierfür ein spezieller Rahmen geschaffen werden: Innerhalb des Schullebens, aber auch im Freizeitbereich und in der Familie, werden die Freiräume und Gelegenheiten für produktive Peergespräche immer weniger und schwieriger (vgl. Kap. 2). In vielen Peergruppen ist zudem Coolness ein Bedingungsfaktor für Status und Anerkennung. Entsprechend werden Probleme und Schwächen geleugnet, Emotionen wie Angst, Furcht, Verzweiflung etc. können hier häufig nicht ausgesprochen werden.

Regelmäßige und klar strukturierte Gruppengespräche

Dieser Rahmen kann nun gezielt in Schule oder auch in anderen pädagogischen Einrichtungen geschaffen werden. Bewährt hat sich dabei folgende Organisation: Es treffen sich auf freiwilliger Basis fünf bis zwölf Teilnehmende aus unterschiedlichen Klassen, gemischten Alters und beiderlei Geschlechts einmal wöchentlich in einer festen Gruppe mit ein oder zwei Moderatoren zum Gespräch mit einer Dauer von 60 bis 90 Minuten. Dieses Gespräch fokussiert im Kern einen gegenseitigen Beratungsprozess der Kinder und Jugendlichen. Wichtig ist dabei eine klare Struktur, an die sich die Jugendlichen halten. Diese gliedert sich in fünf Phasen:

Rotierendes System

Peers sind Ratsuchende, Ratnehmende und Moderierende in einer Person.

(1) Begrüßung, Wiederholung der Gesprächsregeln und ggf. Rückblick auf die Vorwoche

Das Ziel ist, ein für eine einzelne Person als belastend erlebtes Problem behutsam zu entfalten und zugleich eine Diskussion zu initiieren, die von allen Teilnehmenden als sinnvoll und hilfreich erlebt wird. Hierfür bedarf es grundlegender Regeln und Einstellungen, an die zu Beginn jeweils erinnert werden sollte. Hierzu gehört insbesondere folgender Dreisatz:

- Wir hören einander zu!
- Alles Besprochene bleibt unter uns!
- Wir gehen respektvoll miteinander um!

Die konkrete Formulierung kann je nach Gruppe durchaus anders ausfallen, wichtig ist jedoch, dass diese Grundregeln von allen Teilnehmenden akzeptiert und ggf. mit einer Unterschrift auf einem entsprechenden Regelplakat besiegelt werden. Für die konsequente Einhaltung sind nun alle gemeinsam verantwortlich. Fällt es Einzelnen immer wieder schwer, sich hieran zu halten, so sollte dies gemeinsam besprochen werden: Was genau macht es so schwierig, diese Regeln umzusetzen?

Implizit stehen hinter diesem Dreisatz noch weitere Regeln, die als Hilfsregeln ebenfalls explizit eingeführt werden können:

- Interesse für andere zeigen und die Gruppe ernst nehmen!

Hierzu gehören neben dem angemessenen Verhalten während des Gesprächs auch das regelmäßige und pünktliche Erscheinen sowie das Engagement für anfallende Aufgaben (z. B. Aufräumen). Insbesondere aber bedeutet dies: zuhören, mitdenken, mitfühlen und Anteil an den anderen nehmen.

- Unparteiisch sein und keine Anweisungen geben!

Jedes Mitglied in der Gruppe ist autonom in seinen Handlungen und Entscheidungen. Berichtet ein Mitglied der Gruppe von einem Problem, geht es nicht darum, ihm eine Lösung vorzugeben oder ihn argumentativ in eine Richtung zu drängen oder gar unter Druck zu setzen.

- Keine Verantwortung für fremde Probleme übernehmen!

Jeder ist „Besitzer“ seines eigenen Problems. Er entscheidet, ob und wann er darüber sprechen will, wie lange er ein solches Gespräch führen will und wie er mit den Vorschlägen der Gruppe umgeht. Niemand wird gezwungen, Lösungen durchzuführen – zum einen, weil allein das Gespräch zu suchen schon ein Teil einer konstruktiven Problemlösung darstellt, zum anderen, weil niemand Außenstehendes alle Aspekte eines Problems erfassen und lösen kann: Jeder ist für sich selbst verantwortlich, aber die Gruppe unterstützt so gut wie sie kann.

- Bleibe wach und aufmerksam beim Geschehen – und teile mit, was du denkst und fühlst!

Nichts ist unangenehmer, als zu uninteressierten Zuhörern zu sprechen.

Und: Es nutzt weder dem Sprecher noch den Zuhörern, wenn das Problem in stillen Selbstgesprächen verarbeitet wird. Nur die rege Diskussion mit allen lässt Lösungen deutlich werden. In diesem Sinne haben Störungen, wenn ich mich z. B. als Zuhörer aus irgendwelchen Gründen auf ein Thema nicht einlassen kann oder aber es mich langweilt, Vorrang und sollten zunächst geklärt werden.

(2) Vorstellung von Problemen und Themen reihum

In der zweiten Phase nennt jeder Jugendliche ein aktuelles Thema, ein Problem, eine Sorge oder Fragen, über das er bzw. sie in der Gruppe sprechen möchte.

(3) Auswahl des zu besprechenden Problems

Die Gruppe muss nun die Entscheidung für ein Problem bzw. ein Thema fällen. Die Auswahl erfolgt unter der Berücksichtigung folgender Kriterien:

- Dringlichkeit
- Aktualität
- gemeinschaftliches Interesse

Wichtig ist hier, die Auswahl anhand dieser Kriterien für alle nachvollziehbar zu begründen, um Enttäuschungen bei den Jugendlichen, deren Thema nicht gewählt worden ist, möglichst zu vermeiden. Die Auswahl ist erst dann beendet, wenn alle mit der Wahl einverstanden sind und sich auf das gewählte Thema einlassen können.

(2) Klärung des Problems und Beratung bzw. Sammeln von Tipps

Der bzw. die SchülerIn, der bzw. die „die Sitzung bekommt" stellt nun das eigene Thema in aller Ausführlichkeit dar, wobei vor allem die eigenen Gefühle in den Vordergrund gestellt werden sollen. Die Gruppe hat danach die Möglichkeit, Nachfragen zu stellen, das zentrale Anliegen aufzudecken und Handlungsalternativen zu suchen. Auch hier können Hilfsregeln hilfreich sein:

- Unterbreche nicht den Erzählfluss des Sprechers!
- Versuche, die absichtlich oder unabsichtlich verborgenen Gedanken und Gefühle des Sprechers zu finden und zu verstehen!

Es ist wichtig, dass sich die Teilnehmenden geduldig gegenseitig zuhören. Es fällt Jugendlichen meist schwer, vor der Gruppe Probleme und Schwierigkeiten gut verständlich darzulegen. In vielen Fällen, gerade zu Beginn, wird dies sehr stockend verlaufen. Hier sind Gesprächsöffner und passives Zuhören notwendig (Nicken, Blickkontakt, ein verstärkendes ‚Hmhm', ‚Aha' etc.), um dem Erzähler Zeit zu lassen. Häufige Zwischenfragen irritieren an dieser Stelle und verleiten dazu, das Thema zu verlassen und Randthemen zu verstärken.

Häufig neigen Jugendliche auch dazu, eher nach Fakten (z. B.: Wer war dabei? Wann genau war das? etc.) zu fragen und weniger nach Gefühlen und Gedanken (z. B.: Wie hast du die Situation empfunden? Was ging dir in diesem Moment durch den Kopf? etc.). Um dies zu vermeiden, sollten die Zuhörer dazu angehalten werden, die Perspektive des anderen zu übernehmen, d.h. sich voll und ganz in den anderen einzudenken und die Situation mit seinen Augen zu sehen und zu erleben. Die Verknüpfung mit eigenen Erfahrungen, die dabei unwillkürlich vorgenommen wird („Ich hatte mal eine ähnliche Situation, die war folgendermaßen…") sollte so lange wie möglich zurückgehalten werden.

Wichtig ist auch hier eine klare Ablaufstruktur in dieser Phase:

- Informationen sammeln
- Gefühle klären
- Problem benennen
- Ziel ergründen
- Lösungsalternativen sammeln
- Folgen für jeden Vorschlag diskutieren
- Aktionspläne vorstellen
- Hilfestellungen einbauen
- Zeitplan vorschlagen

Entscheidend beim Beratungsprozess ist, dass die anderen Teilnehmenden nicht das Problem für den bzw. die Ratsuchenden lösen müssen. Vielmehr werden Anregungen, Ideen und Vorschläge in Form eines „lauten Denkens" gesammelt. Die Entscheidung, welche Tipps hilfreich und sinnvoll sind, verbleibt alleine beim Ratsuchenden. In dieser Phase ist daher darauf zu achten, dass die anderen Teilnehmenden nicht versuchen, den bzw. die Ratsuchende von ihrer oder der vermeintlich „besten" Lösung zu überzeugen.

(3) Abschlussrunde und Feedback

Den Abschluss bildet schließlich eine Feedback-Runde, bei dem jeder Teilnehmende ein kurzes Statement zum Ablauf und zum bearbeiteten Problem abgibt. Der Problemberichter benennt abschließend drei Konsequenzen, die er für sich aus dem Gespräch gezogen hat und bedankt sich bei der Gruppe für die Hilfestellungen. In der folgenden Woche kann ggf. in einem kurzen Rückblick das besprochene Problem in seinem Fortgang aufgegriffen und kurz über den aktuellen Stand berichtet werden.

Räumliche und organisatorische Verankerung

Solche Gesprächstreffen können auf unterschiedliche Weise verankert werden: Sie können bewusst außerhalb regulärer Angebote bzw. der Unterrichtszeit gelegt werden, um so die Freiwilligkeit zu betonen, oder aber in reguläre Schulangebote, beispielsweise im Rahmen von AGs, eingebunden werden – dies bewirkt eine deutliche Steigerung der regelmäßigen Teilnahme.

Wichtig ist bei beiden Varianten:

- Es ist – insbesondere im Kollegium – auf eine positive Konnotation des Angebotes zu achten: Häufig verleiten solche Gesprächsangebote dazu, sich darüber lächerlich zu machen oder sie abwertend als „Laberkreis für Problemkinder" zu bezeichnen.
- Die Bereitstellung eines Raumes, der eine vertrauliche, neutrale und wenig ablenkende Atmosphäre bietet. Hierbei kann es sich um einen speziellen Beratungsraum handeln, der nur zu diesem Zwecke eingerichtet wird oder aber um ein Besprechungszimmer, das wöchentlich für die Gruppe reserviert ist. Denkbar sind auch Räume in externen Einrichtungen, wie beispielsweise dem benachbarten Jugend- oder Kirchenzentrum. Es sollte hierbei jedoch eine räumliche Nähe zur Schule bestehen.

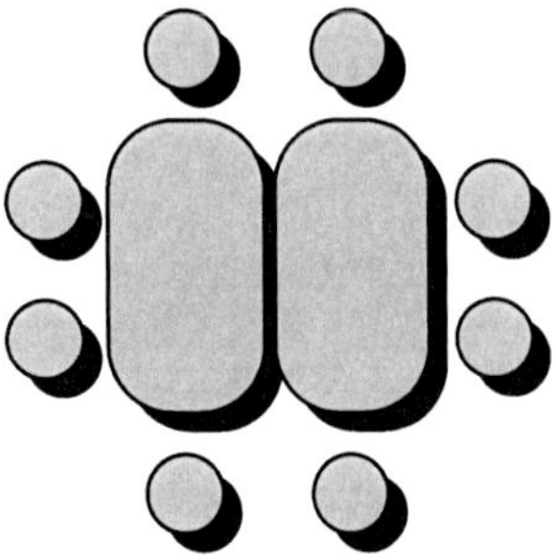

- Die Bereitstellung von Moderatoren. Im Idealfall sind dies externe Personen, wie z. B. Sozialpädagogen, oder aber es wird auf Studierende einer nah gelegenen Hochschule zurückgegriffen, die im Rahmen eines (sozial-) pädagogischen oder psychologischen Studiums Praktika absolvieren müssen und/oder erste berufspraktische Erfahrungen sammeln wollen.

Die Moderatorenfunktion kann jedoch durchaus auch von Lehrpersonen der Schule wahrgenommen werden. Dabei ist allerdings unbedingt darauf zu achten, dass es sich um keine direkten LehrerInnen der Teilnehmenden handelt, um so die (erlebte) Neutralität sicherzustellen. Es muss zudem ein deutlicher und für alle transparenter Rollenwechsel stattfinden: Die Lehrperson agiert in diesem Setting nicht als LehrerIn (mit Bewertungs- und Benotungsvollmacht), sondern eben als neutraler Moderator.

Aufgaben und Qualifikation der Moderatoren

Die Moderatoren übernehmen zwei Funktionen in den Gruppengesprächen:

Hauptziele

- sukzessive Übergabe der Moderation und Gruppenleitung an die Peers
- Jugendlichen einen Raum geben, in dem sie sich angenommen fühlen können und Vertrauen entwickeln

- Zum einen sind die Moderatoren gerade zu Beginn eines solchen Gesprächskreises für eine permanente Erinnerung und Einforderung der oben genannten Spielregeln zuständig – und für das Ansprechen guter und weniger guter Umsetzungen.
- Zum anderen fungieren die Moderatoren als Modell für die Jugendlichen. Sie bieten Muster der Gesprächsführung sowie verbale und nonverbale Praktiken, die von den Jugendlichen aufgenommen und geübt werden.

Die Moderatoren müssen keine ausgebildeten BeraterInnen sein. Dennoch sollten sie Grundtechniken und -haltungen einer „annehmenden“ Kommunikation beherrschen, wie sie beispielsweise in dem Gordon-Modell (Gordon 2004) in Anlehnung an die klientenzentrierte Gesprächsführung von Carl Rogers (1976) dargestellt werden. Wichtige Grundhaltungen sind hier Empathie (einfühlendes Verstehen), Kongruenz (Echtheit) und bedingungsfreie Akzeptanz. Als zentrale Methode sollten Formen des passiven sowie des aktiven Zuhörens, d.h. das Erfassen und Rückspiegeln des Gefühlsinhaltes einer Aussage, beherrscht werden.

Wichtig ist zudem die Bereitschaft der Moderatoren, sich mit zunehmender Existenz der Gruppe aus einer leitenden Funktion herauszunehmen und die Verantwortung der Steuerung mehr und mehr an die Jugendlichen selbst zu übergeben. Die Studien von Günther Opp (Opp/Teichmann 2008a; Opp/Unger 2006) zu der Entwicklung solcher Gruppen zeigen, dass in allen Gruppen eine stetige Zunahme der kommunikativen Kompetenz zu beobachten ist, die bei einigen Teilnehmenden sogar dazu führt, dass sie eigenverantwortlich die Gesprächsleitung übernehmen oder sich als „Übersetzer" für andere Teilnehmende anbieten, denen es schwer fällt, ihr Problem zu konkretisieren. Auch wenn dies aus professioneller Sicht nicht immer perfekt gelingt, so ist dennoch für solche Entwicklungen genügend Freiraum zu lassen. Nur so kann das Grundziel all dieser Maßnahmen erreicht werden: ein möglichst hoher Grad an Beteiligung und Partizipation. Dies fällt vielen Moderatoren schwer, insbesondere der Umgang mit dem Gefühl, sich selbst überflüssig gemacht zu haben.

Weiterführende Hinweise und Materialien

Eine sehr ausführliche Dokumentation unterschiedlicher Projekte Positiver Peerkultur finden sich in folgenden zwei Büchern:

- Günther Opp, G./Jana Teichmann (Hrsg.): Positive Peerkultur. Best Practices in Deutschland. Bad Heilbrunn 2008
- Günther Opp/Nicola Unger: Kinder stärken Kinder. Positive Peer Culture in der Praxis. Hamburg 2006

In dem letztgenannten Buch findet sich zudem ein ausführlicher Leitfaden zur Entwicklung einer Positiven Peerkultur sowie eine DVD mit Szenen aus dem Projekt „Gemeinsam statt einsam" in Halle (Saale). Der Film bzw. Ausschnitte hieraus eignen sich sehr gut, um dem Kollegium auf sehr anschauliche Weise einen Eindruck von der Grundidee sowie einer konkreten Umsetzung zu geben.

Informationen im Internet finden Sie unter:

- *www.positive-peerkultur.de*

5. Die Persönlichkeit des Jugendlichen im Kontext von Schulverweigerung – Risikofaktoren und praktische Handlungsempfehlungen

5.1 Risikofaktoren auf der personalen Ebene

Häufig wird in Bezug auf Schulverweigerung auch eine psychiatrische Sichtweise eingenommen und dies wird dann als Symptom einer emotionalen, internalisierten Störung angesehen. Typische Diagnosen sind hier die Schulphobie und die Schulangst (Nissen 2002, S. 171; Oelsner 2008):

- Schulphobie beschreibt einen Verdrängungs- und Verschiebungsprozess, wenn beispielsweise die Angst vor dem Verlassenwerden von der Mutter (Verlustangst) auf das Objekt „Schule" verschoben wird. Die Ursachen liegen hier nicht in dem System Schule, sondern die Schulverweigerung ist primär das Problem eines neurotischen Beziehungsgefüges.
- Schulangst beschreibt das ersatzlose Ausweichen vor der Schulsituation, z.B. aus Angst vor Kränkungen, Schulversagen oder Demütigung durch andere. Es handelt sich hierbei um eine reale Angst vor überfordernden oder gar traumatisierenden Belastungen in der Schule. Die Angstauslöser liegen dabei – im Gegensatz zur Schulphobie – tatsächlich im System Schule, in ihren Anforderungen, ihren Personen, ihrem Umfeld. Insbesondere das Gefühl von Überforderung – sowohl im Leistungsbereich als auch im Sozialbereich – ist der charakteristische Auslöser.

Aus Sicht der Kinderpsychiatrie sind solche Jugendlichen neurotisch blockiert, um ihr legitimes Recht auf Bildung wahrnehmen zu können. Es handelt sich dementsprechend bei Schulverweigerung nicht um eine gezielt strategische Aktivität zum Umgehen der Schulpflicht, um beispielsweise Prestige besetzte Alternativen in der Peergruppe wahrzunehmen, sondern das Verhalten resultiert aus einem Ohnmachtsgefühl, die Jugendlichen leiden unter ihrem Verhalten. Entsprechend werden Schulverweigerer, wenn Schulphobien oder Schulängste diagnostiziert worden sind, zunehmend auch in Einrichtungen der Kinder- und Jugendpsychiatrien behandelt (vgl. Herz 2004).

Aber: Nicht jeder Schulverweigerer lässt sich diesen Kategorien pathologisch ein- und zuordnen, nicht jeder Schulverweigerer verfügt über eine schwerwiegende Persönlichkeitsstörung und bedarf einer psychiatrischen Behandlung. Im Folgenden wird die personale Ebene daher etwas weiter gefasst: Es geht insgesamt um die subjektiven Deutungen einer Person. Dies basiert auf der Grundannahme, dass nicht die Situation an sich (z. B. eine Ermahnung oder ein Lob durch den Lehrer) sondern die subjektive Deutung der Situation (Was bedeutet die Ermahnung oder das Lob für ihn?) zu Problemen führt: „Nicht die Dinge, sondern die Meinungen über diese beunruhigen die Menschen", schreibt bereits der römische Stoiker Epiktet um 100 n.Chr. in seinem „Handbüchlein der Moral und Unterredungen" (1984, S. 24).

Doch was genau heißt es, „sich ein Bild von der Wirklichkeit" zu machen? Welches sind die Bestandteile dieses subjektiven Bildes? Im Rückgriff auf die Personale Systemtheorie (König/Volmer 2008, S. 139ff.; vgl. auch König u.a. 2004) lassen sich folgende Bestandteile subjektiver Deutungen von Personen benennen:

- *Subjektive Ziele und Werte*, also Annahmen und Vorstellungen darüber, was zukünftige wünschenswerte Zustände sind.
- *Subjektive Diagnosehypothesen,* mit denen Situationen beschrieben und bewertet werden, z.B. „Der Lehrer will mir Böses.", „Ich bin dumm." etc.
- *Subjektive Erklärungshypothesen,* d.h. Annahmen und Vorstellungen über kausale Zusammenhänge, z. B. „Weil der Lehrer bzw. die Lehrerin mich nicht mag, habe ich immer schlechte Noten bei ihm bzw. ihr.", „Weil ich dumm bin, habe ich keine Chance in der Schule." etc.

Im Anschluss an Robert Dilts (1993, S. 16f.) lassen sich subjektive Erklärungshypothesen (oder sog. „Glaubenssätze") unterschiedlichen „logischen Ebenen" zuordnen:

- Subjektive Erklärung mit Rückgriff auf die Umgebung: „Ein Faktor in der Umgebung, z. B. der Lärm, hat dazu geführt, dass ich eine schlechte Leistung in der Prüfung gezeigt habe".
- Subjektive Erklärung mit Rückgriff auf ein bestimmtes Verhalten: „Weil ich unkonzentriert gewesen bin, habe ich eine schlechte Leistung in der Prüfung gezeigt".
- Subjektive Erklärung mit Rückgriff auf bestimmte Werte: „Das Ergebnis ist nicht so wichtig, ich habe ja trotzdem was gelernt".
- Subjektive Erklärung auf Ebene der Identität: „Ich bin eben kein Mathematiker".

All dies führt zu subjektiven Strategien, d.h. zu persönlichen Annahmen über geeignete Mittel zur Erreichung von Zielen – die wiederum die Grundlage für konkrete Handlungsweisen darstellen. In diesem Verständnis kann bzw. muss Schulverweigerung als eine für die/den Jugendliche/n sinnvolle und logisch erscheinende Bewältigungsstrategie gesehen werden, die auf bestimmten subjektiven Wirklichkeitsauffassungen beruht. Auch wenn das Verhalten nach unseren Maßstäben als dysfunktional, „falsch", „dumm", o.ä. erscheint, so ist es für die/den Jugendliche/n in dieser Situation eine sinnvolle, meist sogar die einzig verfügbare Bewältigungsstrategie: Jedes Verhalten ist zunächst einmal subjektiv Problem lösend (für eine ausführliche Analyse siehe Gallschütz/Puhr 2004).

Dies zeigt sich an typischen Äußerungen der schulverweigernden Jugendlichen wie z. B.: „Das war doch logisch, dass ich dann nicht mehr hingegangen bin.", „Ich konnte ja gar nicht anders, als zu Hause zu bleiben.", „Klar, aus heutiger Sicht war das dämlich von mir. Aber es ging eben nicht anders." usw. Schulverweigerung ist damit oft auch ein Problem fehlender personaler und sozialer Bewältigungsstrategien von Belastungen und kritischen Lebensereignissen. So kann es beispielsweise sein, dass Schulverweigerung dem bzw. der SchülerIn vordergründig den als belastend erlebten Leistungsdruck nimmt – und damit zunächst ein Problem bewältigendes Verhalten darstellt. Die neuen Schwierigkeiten, die hierdurch entstehen, spielen in diesem Augenblick keine Rolle, sie werden in ihrer Bedeutsamkeit erst später erkannt.

Im Weiteren werden nun zentrale subjektive Deutungen dargestellt, die sich als zentrale Bedingungsfaktoren für schulverweigerndes Verhalten ergeben haben. Grundsätzlich lassen sich dabei subjektive Deutungen im Blick auf die eigene Person von subjektiven Deutungen im Blick auf die eigene Zukunft unterscheiden.

5.1.1 Negative subjektive Deutungen im Blick auf die eigene Person

„Ich glaube, man hätte bei mir nichts machen können, dass es so schlimm geworden ist."
(Schüler)

Dieses typische Zitat eines Schulverweigerers macht ein Grundproblem auf der personalen Ebene deutlich: Die Jugendlichen haben zumeist eine niedrige Selbstwirksamkeit, einen geringen Selbstwert sowie ein verzerrtes bzw. problematisches Selbstkonzept.

(1) Niedrige Selbstwirksamkeit

> „Ich denke da an einen Schüler, der für sich beschlossen hat: ‚Ich schaffe das nicht, ich kann das sowieso nicht, ich mache gar nichts mehr'!".
>
> (Projektmitarbeiter)

Selbstwirksamkeit bezeichnet die Überzeugung einer Person bzgl. der eigenen Fähigkeiten, in einer bestimmten Situation angemessene Verhaltensresultate zu erzielen: In welchem Maße glaube ich daran, bestimmte Anforderungen (z. B. Prüfung) meistern zu können oder bestimmte Ziele (z. B. Schulabschluss) erreichen zu können? Albert Bandura (1979), der Begründer der sozial-kognitiven Lerntheorie, konnte in zahlreichen Untersuchungen mit SchülerInnen zeigen, dass das Gefühl der Selbstwirksamkeit die Wahrnehmung, die Motivation und die Leistung maßgeblich beeinflusst. Dieses Phänomen kennen Sie vermutlich auch aus eigener Erfahrung: Sie versuchen normalerweise nicht etwas zu tun oder ein Risiko einzugehen, wenn Sie erwarten, dass Sie nichts ausrichten können. Sie vermeiden soweit als möglich Situationen, in denen Sie das Gefühl haben, nicht zurechtzukommen. Und: Selbst wenn Sie tatsächlich die Fähigkeit und den Wunsch besitzen, werden Sie unter Umständen die für die erfolgreiche Bewältigung der Aufgabe erforderlichen Handlungen nicht ausführen oder durchhalten, wenn Sie glauben, nicht das Zeug dazu zu haben. Bandura (1979, S. 142f.) unterscheidet hier:

- die *Selbstwirksamkeitserwartung*, die zwischen der Person und ihrem Verhalten steht: Fällt mir ein Verhalten, z. B. Lernen, leicht oder schwer?
- die *Ergebniserwartung*, die zwischen dem Verhalten und den erzielten Ergebnissen steht: Wird mein Lernen denn auch zu einem guten Prüfungsergebnis führen?

Eine hohe Selbstwirksamkeit führt dann zu besseren Leistungen und zu weniger emotionaler Erregung, wie beispielsweise Angst. Eine niedrige Selbstwirksamkeit führt demgegenüber zu Apathie, Mutlosigkeit, Resignation. Häufig fühlen sich solche SchülerInnen auch als „Opfer äußerer Umstände": Schuld ist alleine die LehrerIn, der Vater, die FreundIn etc.

Die von uns interviewten schulverweigernden Jugendlichen zeichneten sich ohne Ausnahme durch eine generell niedrige Selbstwirksamkeit aus, d.h. sie nahmen sehr häufig sowohl eine negative Bewertung ihrer eigenen Fähigkeiten vor („Ich kann ja nichts", „In Mathe, Englisch und so bin ich halt ein Looser." etc.) als auch der Anwendung ihrer Fähigkeiten in konkreten Anforderungssituationen („Und selbst wenn ich etwas könnte, würde ich den Abschluss trotzdem nicht schaffen, weil die Lehrer einfach ätzend sind.“). Dies führt dann häufig zu resignierenden Aussagen, wie z. B.: „Mir war irgendwie alles egal, was die Schule betrifft…“

(2) Geringer Selbstwert

Unter Selbstwert bzw. Selbstachtung wird der Wert verstanden, den sich ein Mensch selber zumisst, die Liebe und Achtung, die er für sich aufbringt, unabhängig davon, wie andere ihn sehen. Virginia Satir (2009, 1996), Begründerin der wachstumsorientierten Familientherapie, unterscheidet hier drei Bestandteile:

> „Unsere Mädchen haben ein Selbstwertgefühl, das völlig darnieder liegt... Die können oftmals noch nicht mal Lob ertragen, weil sie es einfach nicht kennen...
> Viele zeigen auch selbstverletzendes Verhalten.“
> (Projektmitarbeiterin)

- Einstellungen zu sich selbst: So wie ich denke, fühle, handle ist okay – oder eben nicht okay
- Gefühle sich selbst gegenüber, z. B.: Würde und Liebe vs. Hass und Ekel
- Vorstellungen von sich selbst, z. B.: Ich kann viel vs. Ich kann wenig

Grundsätzlich lässt sich auch hier ein hoher und ein niedriger Selbstwert unterscheiden:

- Ein hoher Selbstwert geht mit dem Gefühl einher, wichtig zu sein, man vertraut seiner eigenen Kompetenz und man akzeptiert die eigenen Schwächen als „normalen“ Bestandteil der eigenen Person.
- Ein niedriger Selbstwert geht mit Angst und Unsicherheit einher, man ist über die Maßen mit dem beschäftigt, was andere über einen denken und man hat eine negative Einstellung zu sich selbst: Ich bin hässlich, ich bin nicht liebenswert etc.

Der Selbstwert ist dabei nicht statisch, sondern immer wieder Schwankungen unterworfen. Auch dies kennen Sie vermutlich aus eigenen Erfahrungen oder haben dies bei Menschen, die ihnen nahestehen, schon beobachtet: Es gibt Tage und Situationen, da fühlt man sich bedeutungslos, antriebsschwach und ist insgesamt unzufrieden mit sich und seiner Umwelt. Hier hilft auch kein gutes Zureden von anderen, zu stark sind diese negativen Gefühle und Überzeugungen ausgeprägt. Aber dann gibt es auch Tage, an denen man voller Energie ist, sich Dinge zutraut, die man normalerweise nicht tun würde, und man ist mit sich und seiner Umwelt rundum zufrieden.

Je höher der Selbstwert ist, d.h. je mehr diese positiv erlebten Momente überwiegen, desto einfacher fällt es uns, zeitweilige Gefühle der Niedergeschlagenheit als zeitlich begrenzte und „harmlose“ Krisensituation zu behandeln: „Das geht schon wieder vorüber“. Umso leichter fällt es auch, Mut zu Veränderungen aufzubringen und flexibel mit Krisen- und Anforderungssituationen umzugehen. Und genau dies ist bei schulverweigernden Jugendlichen nicht der Fall: Hier überwiegen die Momente eines niedrigen Selbstwertes, die Jugendlichen leben häufig in einer ständigen Angst, zurückgewiesen und von anderen gering geschätzt zu werden, sie fühlen sich nutz- und wertlos. Da es allerdings in unserer Gesellschaft unüblich ist, solche Schwächen zu zeigen und persönliche Ängste zuzugeben, wird dies meist mit auffälligem, „coolem“ oder aggressivem Verhalten „überspielt“.

(3) Problematisches bzw. verzerrtes Selbstkonzept

> „Ich hab auch schon mal einen gehabt, der hat seinen Tennisball mit einem Gesicht bemalt und hat dann zu diesem gesagt: ‚Du brauchst keine Angst zu haben, dir passiert hier nichts'!“.
>
> (Lehrer)

Das Selbst bzw. Selbstkonzept lässt sich nach Carl Rogers (2004, S.42; vgl. auch 1983, S. 432f.), dem Begründer der klientenzentrierten Gesprächspsychotherapie, als „eine strukturierte, konsistente Vorstellungsgestalt denken, die sich zusammensetzt aus Wahrnehmungen vom ‚Ich‘ oder ‚Mich‘ und den Wahrnehmungen von den Beziehungen dieses ‚Ich‘ zur Außenwelt und zu anderen Personen... Sie ist für das Individuum ein ständiger Bezugspunkt, an dem es sein Handeln ausrichtet“.

Unterscheiden lassen sich hier drei Ebenen:

- *deskriptives Selbstkonzept:* Hierbei handelt es sich um das Bild, welches ich von mir selbst habe, wie ich mich selbst sehe und bewerte (Selbstbeschreibung). Dies beinhalten beispielsweise die eigenen Stärken, Eigenschaften und Schwächen, die ich mir zuschreibe.
- *normatives Selbstkonzept:* Hierbei handelt es sich um ein Bild, welches ich von mir habe, wie ich sein möchte, sozusagen eine Idealvorstellung einer Person von sich selbst (Selbst-Ideal).
- *eigenes Erleben:* Hierbei handelt es sich um das ‚Ich’, welches im konkreten Handeln zum Ausdruck kommt, es sind die situativen Erfahrungen mit sich selbst. Dies umfasst sowohl externe Erfahrungen, z. B. wie andere Menschen auf einen selbst reagieren, als auch interne Erfahrungen, d.h. eigene Gefühle und Befindlichkeiten in Situationen (z. B. Angst oder Mut).

Entscheidend ist nun, wie die situativen Erfahrungen, z. B. in einer Prüfungssituation, verarbeitet werden: Stimmt das eigene Erleben mit dem deskriptiven und normativen Selbstkonzept überein, so ist dies unproblematisch. Problematisch wird es erst, wenn große Diskrepanzen auftreten: Ein Jugendlicher hat z. B. das Selbst-Ideal, in allen Prüfungen perfekt zu sein. Nun macht er die Erfahrung, in einer Prüfung zu versagen. I.d.R. findet hier nun eine Selbstaktualisierung statt, indem z. B. das normative Selbstkonzept angepasst wird: Ich muss nicht immer perfekt sein, es kann auch schlechte Tage geben. Wichtig ist, dass ich mich bemüht habe.

In den Berichten der schulverweigernden Jugendlichen wurde jedoch deutlich, dass in vielen Fällen diese Selbstaktualisierung nicht mehr vorgenommen wird, dieser Prozess ist blockiert: Die situative Erfahrung wird verzerrt oder geleugnet. Von außen betrachtet entsteht hier häufig der Eindruck, dass der bzw. die Jugendliche völlig überzogene oder unrealistische Vorstellungen hat: „Wieso Schule? Ich werde doch Superstar." Das Problem daran ist, dass es den Jugendlichen nicht möglich ist, sinnvolle Konsequenzen aus Misserfolgen zu ziehen, sie verstehen einfach nicht, warum sie immer wieder scheitern: „Eine Ausbildung wäre schon cool. Arbeit, das wäre toll. Aber ich weiß auch nicht, warum das nicht klappt" (Schüler). Ein weiteres Problem entsteht dadurch, dass auch gut gemeinte Rückmeldungen und Ratschläge von außen („Du musst aber auch pünktlich bei der Arbeit erscheinen.") als solche nicht durchdringen bzw. ins Selbstkonzept integriert werden. Es kann sein, dass der bzw. die Jugendliche der festen Überzeugung ist, dass er bzw. sie immer pünktlich ist – und für die wenigen Ausnahmen gab es so gute Gründe, dass der Chef dafür doch Verständnis haben muss und „sich nicht so anstellen soll".

5.1.2 Negative subjektive Deutungen im Blick auf die eigene Zukunft

> „Bei den Schulverweigerern kommt schon recht stark die Nullbockmentalität durch. Die sind schon sehr frustriert, weil z. B. die Aussichten auf dem Ausbildungsmarkt sehr schlecht sind."
>
> (Lehrer)

Diese sehr negativ ausgeprägten Einstellungen sich selbst gegenüber gehen einher mit zumeist pessimistischen Einstellungen hinsichtlich der eigenen Zukunft. Bei vielen schulverweigernden Jugendlichen besteht – bewusst oder unbewusst – Angst und Verunsicherung hinsichtlich der Perspektiven und der Realisierungschancen für die individuellen schulischen und beruflichen Ausbildungs- und Berufsziele (vgl. hierzu auch die Ergebnisse der Studie von Schreiber-Kittl/Schröpfer 2002, S. 152f.).

Viele der SchülerInnen, insbesondere der Hauptschulen, sind sich ihrer weitgehenden Chancenlosigkeit auf dem Arbeits- und Ausbildungsmarkt bewusst – und dies wirkt demotivierend: „Ich werde doch später sowieso nur Stahlträger schleppen. Wozu also das ganze Wissen? Das brauche ich doch gar nicht“ (Schüler).

Hinzu kommt, dass es sich hierbei häufig um pauschalisierte und sehr undifferenzierte Annahmen und Vorstellungen handelt: Viele der Jugendlichen haben sich erst gar nicht mit ihrer eigenen Zukunft beschäftigt, sie haben völlig unklare Vorstellungen: „Mir war irgendwie alles egal, was die Schule betrifft... Ich habe immer gedacht, was wollen die eigentlich von mir, aus mir wird schon was. Aber wirklich darüber nachgedacht habe ich nicht“(Schüler). Ähnlich auch die Äußerungen der befragten ProjektmitarbeiterInnen: „Oft hat es den Anschein, dass die Jugendlichen so ‚im Hier und Jetzt‘ leben, dass sie gar nicht erst an die Zukunft denken. Und wenn, dann bauen sie oft Luftschlösser.“

Die beiden Aussagen machen eine weitere Problematik deutlich: Die unklaren Vorstellungen gehen einher mit einer Verdrängung der realen Gegebenheiten. Schulverweigerung ist nicht nur Ausstieg aus der Schule, sondern potenziell auch ein Ausstieg aus der Gesellschaft. Schulverweigerer versperren sich den Weg in eine gesicherte Erwerbsbiographie, denn ohne Schulbesuch gibt es keinen Schulabschluss, und ohne Schulabschluss keine Lehrstelle. Schulverweigerung wird über Jahre Auswirkungen auf das Leben der Jugendlichen haben und kann das gesamte Berufsleben (negativ) prägen. Einfache Fach- und Hilfstätigkeiten, wie sie der Schüler oben als Ziel benennt, sind seit 1995 deutlich zurückgegangen. Der Bedarf an Erwerbstätigen ohne Berufsausbildung wird im Jahr 2015, so die Prognosen, nur noch etwa zwölf Prozent betragen (vgl. Christe 2009). Auch eine Betrachtung der Arbeitslosenzahlen nach Qualifikationen verdeutlichen die Bedeutsamkeit einer abgeschlossenen Ausbildung: Personen ohne abgeschlossene Ausbildung sind überrepräsentiert. In Westdeutschland haben knapp ein Viertel, in Ostdeutschland sogar gut zwei Fünftel der Arbeitslosen keine abgeschlossene Berufsausbildung (Reinberg/Hummel 2007a, S. 1). Der langfristige Trend einer zunehmenden Spreizung der Arbeitsmarktrisiken zwischen „oben“ und „unten“ setzt sich zudem nach wie vor fort: „Im Jahr 2005 lag die Arbeitslosenquote bei den Geringqualifizierten mit 26 % fast dreimal so hoch wie bei den Personen mit abgeschlossener Berufsausbildung (9,7 %) und über sechs mal höher als bei Akademikern (4,1 %)“ (Reinberg/Hummel 2007b, S. 5).

All dies ist den Jugendlichen durchaus unterschwellig bewusst – allerdings wird es verdrängt oder verzerrt wahrgenommen. Die konventionellen Ansätze der Berufsorientierung in Schule und/oder den Agenturen für Arbeit erreichen diese Jugendlichen nicht.

5.2 Ansatzpunkte und Handlungsempfehlungen auf der personalen Ebene

Es ergeben sich damit zwei Hauptansatzpunkte: Zum einen Maßnahmen zur Stärkung der Persönlichkeit, zum anderen Maßnahmen zur Entwicklung von Perspektivität. Die Maßnahmen verfolgen dabei folgende grundsätzliche Ziele:

- Förderung einer positiven Einschätzung: Ich traue mir etwas zu!
- Förderung einer respektvollen Einschätzung: Ich bin etwas wert!
- Förderung einer realistischen Einschätzung: Ich kenne meine Potenziale und Grenzen!

Es gibt inzwischen eine ganze Reihe konkreter Techniken und Ansätze, deren Wirksamkeit hinsichtlich der Stärkung der Persönlichkeit empirisch nachgewiesen werden konnte. Allerdings sind die wenigsten speziell auf die Zielgruppe der Schulverweigerer ausgerichtet. Im Folgenden werden nun wieder die Ansätze dargestellt, die sich im Rahmen der von uns analysierten Projekte besonders bewährt haben: Kognitive Umstrukturierung, Prinzip der Ermutigung, personenzentrierte Gespräche.

Perspektivität wird insbesondere durch Maßnahmen der Berufsorientierung gefördert. Auch hier gibt es inzwischen eine Vielzahl von Ansätzen und Instrumenten für den schulischen Einsatz. Allerdings werden auch hier die Besonderheiten schulmüder und schulverweigernder Jugendlicher meist zu wenig berücksichtigt. Dies wird in Kapitel 5.2.4 näher erläutert.

5.2.1 Kognitive Umstrukturierung

Am verbreitetsten sind in diesem Zusammenhang Ansätze der kognitiven Verhaltenstherapie. Ein klassisches Beispiel ist die rational emotive Erziehung (REE): Ziel der REE ist es, Kinder und Jugendliche dazu zu befähigen, mit adäquaten kognitiven Strategien auf kritische Lebensereignisse, krisenhafte Situationen oder kleine Alltagswidrigkeiten reagieren zu können, d.h. sie lernen, sich selbst kognitiv umzustrukturieren (Knaus 1977; 1983; Grünke 2008; 2009; vgl. auch Ellis 2008). Hierfür werden zunächst

„irrationale Gedanken", die das eigene Handeln und die eigenen Gefühle bestimmen, herausgearbeitet, um diese dann gezielt hinterfragen und abändern zu können. Beispiele für irrationale Gedanken sind:

- Muss-Denken: „Ich muss perfekt sein!", „Ich muss beweisen, dass ich etwas kann."
- Katastrophendenken: „Es ist schrecklich, wenn ich mich vor meinen Freunden blamiere."
- Globale negative Bewertungen von sich selbst und anderen: „Ich bin ein totaler Versager.", „Er ist ein totaler Mistkerl."
- Negative Frustrationstoleranz: „Ich kann es nicht ertragen!", „Es ist zu schwierig!"

Im gemeinsamen Disput wird der Jugendliche dann durch geeignete Fragen oder Gegenargumente dazu veranlasst, seine ungeeigneten subjektiven Annahmen abzuändern. Konkrete Beispiele hierfür sind:

- Empirische Disputation: Woher weißt du, dass es tatsächlich so ist? Auf welchen Tatschen beruht deine Annahme? Wie wahrscheinlich ist es, dass…? Welche Situationen gibt es, in denen dies nicht stimmt?
- Logische Disputation: Ist die Schlussfolgerung logisch? Wo ist der Beweis dafür? Wer sagt das?
- Zweckmäßige Disputation: Was hilft dir diese Annahme? Was bringt sie dir? Was hast du davon?

Ein weiteres Beispiel ist die *Selbstmanagementtherapie „SELBST"* bei Jugendlichen mit Selbstwert-, Leistungs- und Beziehungsstörungen (Walter u.a. 2007; vgl. auch Borg-Laufs/Hungerige 2005; Kanfer u.a. 2005): In einem 7-phasigen Beratungsprozess erlernen die Jugendlichen Selbstmanagement-Fertigkeiten, wie z. B. Selbstbeobachtung, Selbstinstruktion, Selbstverstärkung, Selbstkontrolle usw. Voraussetzung dafür ist das Erkennen von Defiziten und die Bereitschaft, an sich zu arbeiten. Wichtig sind ein konkretes Ziel, ein realistisches Ziel, ein Ziel, das der Betroffene selbst kontrollieren kann, sowie eine Belohnung bei Zielerreichung. Das Besondere dieses Ansatzes ist die Integration des systemischen Kontextes: das System Familie, die Peergruppe und die schulische Institution werden gemeinsam in den Blick genommen und in die Intervention einbezogen.

Ein Vorteil dieser beiden Ansätze ist das systematische Vorgehen und das Vorliegen ausgereifter Manuals, in denen die einzelnen Schritte und Methoden ausführlich dokumentiert sind. Allerdings stoßen diese Vorgehensweisen im schulischen und/oder sozialpädagogischen Alltag auch schnell an ihre Grenzen: Es handelt sich um Verfahren, die auf einen längerfristigen Therapie- bzw. Interventionsprozess ausgerichtet sind. Dies hat zum einen Auswirkungen auf den zeitlichen Umfang bzw. Rahmen: In der REE sind dies i.d.R. mind. 12 Sitzungen á 45 Minuten, z.T. aber auch bis zu 60 Sitzungen. In dieser Zeit werden die Prinzipien über themenzentrierte Lehreinheiten vermittelt und gezielte Interventionen durchgeführt. Denkbar wäre solch ein Vorgehen in speziellen AGs oder Nachmittagsangeboten. Zum anderen bedarf die Anwendung solcher Methoden eine spezielle Ausbildung, idealerweise eine verhaltenstherapeutische Grundausbildung.

Darüber hinaus gibt es aber auch weniger komplexe Möglichkeiten, eine Stärkung der Selbstwirksamkeit bei den Jugendlichen im pädagogischen Alltag präventiv zu fördern. Die grundsätzliche Formel lautet hier: Erfolgserlebnisse schaffen!

Schaffung von Erfolgserlebnissen

„Wir stärken die Jugendlichen, indem wir die Lernerfolge stärken: Erfolgserlebnisse ist der Faktor schlechthin!"
(Projektmitarbeitende)

Die Veränderung von Lernerfahrungen und die stärkere Fokussierung auf positive Eigenschaften erhöhen das Vertrauen des Jugendlichen in die eigene Leistungsfähigkeit – und erhöhen diese schließlich auch, so eine zentrale Erkenntnis der sozial-kognitiven Lerntheorie (Bandura 1979). Das Benennen von Defiziten und Aufzeigen von „Entwicklungspotenzialen", was in vielen Fällen durchaus in positiver Absicht erfolgt („Anspornen"), wirkt bei diesen Jugendlichen demgegenüber kontraproduktiv. Eine beständige Vergegenwärtigung der eigenen Unzulänglichkeiten verstärkt diese nur und führt langfristig zu Entmutigung.

Die Veränderungen können dabei auf verschiedenen Ebenen stattfinden:

- *Veränderung der Vergleichsstandards*: Die Bewertung der eigenen Leistungsfähigkeit hängt sehr stark davon ab, mit welchen Personen ich mich vergleiche. Entsprechend werde ich meine Leistungsfähigkeit negativ bewerten („Die sind alle besser als ich.") oder aber positiv („Ich bin nicht der Schlechteste."). Wichtig ist, den Jugendlichen auch in solchen Kontexten Erfahrungen sammeln zu lassen, in denen er im Vergleich zu anderen leistungsstark ist.
- *Veränderung der Vergleichsdimension:* Die Bewertung der eigenen Leistungsfähigkeit hängt zudem davon ab, welche Eigenschaften ich betrachte.

Die Jugendlichen – und auch die Lehrpersonen – fokussieren meist vor allem die schlechten und problematischen Eigenschaften. Aber: Jede Person hat auch positive Eigenschaften, die ohne Einschränkung („Eigentlich bist du ja…“, „Du könntest ja, wenn du nicht…“) zu benennen und wahrzunehmen sind.

- *Veränderung der Bewertungskriterien:* Jede Medaille hat zwei Seiten – so auch das auf den ersten Blick negativ erscheinende Verhalten des schulverweigernden Jugendlichen. Ein Verhalten ist nicht per se negativ oder problematisch, sondern es wird dies erst durch unsere Bewertung und den zugrunde gelegten Bewertungskriterien, Normen und Werten. Diese übernehmen wir meist ungefragt, aber auch sie lassen sich verändern. Es hilft, immer mal wieder zu überlegen, was eine gute Seite des Verhaltens sein könnte – und dies auch zurückzumelden. So bedarf es beispielsweise einer gewissen Portion Mut, sich den Regeln und Autoritäten zu widersetzen, es bedarf einer gewissen Portion Kreativität und Phantasie, immer wieder neue Ausreden für das Schwänzen zu suchen etc. Und: Wenn der Jugendliche mich monatelang damit getäuscht hat, zeugt dies von einer gewissen Überzeugungskraft.

Es darf hierbei selbstverständlich nicht um reine Schönfärberei gehen, sondern vielmehr um eine gezielte Wahrnehmungssteuerung, wenn Jugendliche ausschließlich negative subjektive Deutungen im Blick auf die eigene Person haben und keine positiven Seiten mehr an sich finden können. Denn: Dies ist gefährlich. Personen, die kein Vertrauen mehr in ihre Fähigkeiten und ihre Zukunft haben, haben auch nichts mehr zu verlieren, sie verfügen meist auch nur über ein sehr geringes Verantwortungsgefühl anderen gegenüber. Hier helfen „realistische“ Rückmeldungen meist wenig, denn diese werden bereits verzerrt in das Selbstkonzept integriert. Auch wenn ein gewisses Maß an Selbstkritik unbestreitbar wichtig ist, so vermindert es zugleich aber auch die Selbstachtung und Selbstsicherheit und erhöht die Wahrscheinlichkeit, dass Fehler wiederholt werden.

Grundsätzlich wichtig ist hierbei: Ausschlaggebend ist die Wahrnehmung des Jugendlichen, nicht die Absicht des Pädagogen. Ein Lob oder eine Veränderung der Vergleichsdimension kann durchaus positiv gemeint sein, aber dennoch negativ bei dem Jugendlichen ankommen: „Als ich dann mal wieder hingegangen bin zur Schule, hat der Lehrer mich so überschwänglich empfangen und gesagt, wie toll es ist, dass ich wieder da bin. Da kam ich mir dann richtig verar… vor.“ Damit ergibt sich als Kernfrage: Was hilft dem Jugendlichen, sich und seine Fähigkeiten positiv zu sehen?

5.2.2 Prinzip der Ermutigung

> „Die Jugendlichen müssen die Erfahrung machen, dass sie was wert sind... Dass sie trotz allem ein Glied der Gemeinschaft sind, wichtig sind und auch einen Beitrag leisten können – hierfür müssen Räume geschaffen werden."
> (Projektmitarbeitende)

Ein sehr wirksames Verfahren ist hierfür das von Rudolf Dreikurs im Rahmen der Individualpsychologie propagierte Prinzip der Ermutigung (Dreikurs u.a. 2007, S. 88ff.; Dreikurs/ Dinkmeyer 2004; vgl. auch Dreikurs 1995, S. 48ff.): Zur Ermutigung gehört wesentlich die Fähigkeit, den Jugendlichen „als der Mühe wert" anzunehmen ohne Rücksicht auf seine Mängel, und ihm zu helfen, seine Fähigkeiten und Möglichkeiten zu entwickeln. Bei auffälligen SchülerInnen handelt es sich häufig um entmutigte Kinder, die letztlich durch ihre Verhaltensweisen nach Anerkennung streben. Die Ausführungen von Dreikurs hierzu aus dem Jahre 1951 haben bis heute nichts an Aktualität verloren:

> „Jedes Kind, daß sich schlecht benimmt oder nicht gern arbeitet, ist ein entmutigtes Kind. Solange es Vertrauen in seine Fähigkeiten hat, nutzt es konstruktive Mittel, um zu Hause oder in der Schule seinen Platz zu finden. Es greift nur zu negativen Mitteln, wenn es sich in seinen Bemühungen zurückgewiesen fühlt. Der Wahl falscher Mittel liegt Entmutigung zugrunde... Eltern und Lehrer merken nicht, wie sie unwissentlich ständig Kinder entmutigen. Sie glauben ernsthaft, daß sie ein Kind zu besseren Leistungen anspornen können, wenn sie es demütigen, blamieren und bestrafen, wenn es ungehorsam war oder eine Arbeit nicht den Erwartungen der Erwachsenen gemäß ausgeführt hat. Sie sehen nicht, daß Kritisieren und Demütigen nicht das Selbstvertrauen und den Mut des Kindes stärken, obwohl diese zwei Faktoren die Basis für soziales Einfügen und Lernfortschritte bilden. Sie allein geben ein Gefühl der Sicherheit.
> Viele Lehrer haben Kinder in ihren Klassen, die schon im Elternhaus entmutigt worden sind. Wenn der Lehrer von solch einem Kind provoziert wird, reagiert er oft mit den gleichen entmutigenden Methoden wie die Eltern. Es gehört viel Verständnis und Geduld dazu, den unbewußten Verhaltensmustern des Kindes zu widerstehen"
> (Dreikurs u.a. 2007, S. 89).

Ermutigung ist eine Handlung und eine Haltung, die dem Kind bzw. dem Jugendlichen vermittelt, dass der Erwachsene es achtet, ihm vertraut, an es glaubt und überzeugt ist, dass der gegenwärtige Mangel an Fertigkeiten in keiner Weise seinen Wert als Person beeinträchtigt. Don Dinkmeyer und

Rudolf Dreikurs (2004, S. 84ff.) formulieren hierzu folgende Leitsätze für eine ermutigende Grundhaltung:

- Nimm das Kind so an, wie es ist.
- Zeig Vertrauen in das Kind und befähige es dadurch, Vertrauen in sich selbst zu haben.
- Glaube aufrichtig an die Fähigkeiten des Kindes und gewinne das Vertrauen beim Aufbau seiner Selbstachtung.
- Zeige Anerkennung für eine gute Leistung oder eine ehrliche Bemühung.
- Sorge dafür, dass jedes Kind sich seines Platzes in der Gruppe sicher sein kann.
- Erkenne die Stärken und guten Anlagen eines Kindes und stelle diese in den Mittelpunkt.
- Nutze die Interessen des Kindes, um konstruktive Tätigkeiten anzuregen.

Es handelt sich hierbei um einen komplexen Prozess, Ermutigung erfolgt durch situativ angemessene Handlungen des Pädagogen. Es erfordert ständige Wachsamkeit für den richtigen Augenblick, für Tonfall und Wortwahl. Beispiele für ermutigende Äußerungen sind (Dreikurs u.a. 2007. S. 102f.):

- *„Du kannst gut…“*
  Es wirkt bei jeder Person ermutigend, auf eine hilfreiche Tat oder einen Beitrag hinzuweisen. Dies sollte vor allem dann geschehen, wenn das Kind bzw. der Jugendliche dies nicht erwartet oder nicht danach verlangt.
- *„Du hast Fortschritte in … gemacht.“*
  Wachstum und Fortschritte zu sehen gibt Selbstvertrauen. Somit sollte dem Kind bzw. dem Jugendlichen immer wieder vor Augen geführt werden, was es bereits erreicht hat – statt nur auf das zu schauen, was noch erreicht werden muss.
- *„Du bist ein guter Kerl, aber das, was du gerade tust, finde ich nicht okay.“*
  Es ist wichtig, zwischen der Person und seinem Verhalten, zwischen Handlung und Handelndem zu unterscheiden. Eine Handlung kann abgelehnt werden, zugleich muss dem Jugendlichen verdeutlich werden, dass er bzw. sie nicht als Person abgelehnt und abgewertet wird.
- *„Du kannst mir (uns, den anderen) bei … helfen.“*
  Das Gefühl, nützlich zu sein und helfen zu können, ist für jeden wichtig. Auch Schulverweigerer und schulmüde Jugendliche wollen etwas Produktives für die Gemeinschaft tun. Wir müssen ihnen nur passende Gelegenheiten dazu geben.
- *„Lass es uns zusammen versuchen.“*
  Die Jugendlichen haben häufig Angst davor, schon wieder zu versagen

oder sich lächerlich zu machen. Dies hindert sie daran, Neues auszuprobieren. Hier kann Unterstützung eine ermutigende Wirkung haben.

Da kein Jugendlicher wie der andere ist, muss der Pädagoge sensibel sein, um zu wissen, wann und wie der bzw. die einzelne ermutigt werden kann. Grundsätzlich ist darauf zu achten, dass ermutigende Aussagen für sich alleine stehen und nicht mit einschränkenden Bemerkungen einhergehen (*„Eigentlich* kann man sich doch auf dich verlassen, *aber... "*). Bei Jugendlichen, die entmutigt sind, kommt in diesem Fall ausschließlich der einschränkende Teil der Botschaft an: Sie haben das Gefühl, der Lehrer bzw. die Lehrerin hält sie für unfähig, dumm o.ä. I.d.R. werden sie sich weiter zurückziehen und aufgeben – oder aber sie versuchen, mit auffälligem Störverhalten die Aufmerksamkeit und Achtung zu erhalten.

Häufig hängt es auch von der Betonung, der Gestik und Mimik etc. ab, ob beispielsweise eine persönliche Aufforderung als ermutigend („Du schaffst das!", „Dein Erfolg ist mir wichtig!") oder aber entmutigend als Ermahnung vom Jugendlichen erlebt wird. Ebenso können kleine Gesten – die Lehrerin bzw. der Lehrer wendet sich der/m Jugendlichen zu, und hilft dabei, die Rechtschreibfehler aus ihrem/seinem Lebenslauf zu korrigieren – eine ermutigende oder entmutigende Wirkung haben, je nachdem, ob die Lehrerin bzw. der Lehrer einen geduldigen oder eher ungeduldigen Eindruck macht. Weitere Möglichkeiten für ermutigende Handlungen und Aktionen sind:

- Der/die Jugendliche trägt etwas, was er gut kann, der ganzen Klasse vor.
- Der/die Jugendliche fungiert zeitweise als LehrerIn und darf das Lehrbuch benutzen, andere SchülerInnen „prüfen" etc. – insbesondere in Fächern, in denen er leistungsschwach ist: *„Toll ist, wenn uns die Lehrer mehr Verantwortung geben: Wir haben jetzt z. B. mal ausprobiert, dass einer von uns Schülern sich als Lehrer ausgibt und vorne den Unterricht gestaltet... Der Lehrer setzt sich an seinen Platz und hilft dem Schüler dann.... Und der Schüler macht das dann und muss den Stoff durchbringen. Das klappt ganz gut" (Schüler).*
- Der/die Jugendliche erhält sinnvolle Aufgaben im Rahmen der Klassengemeinschaft, die seinen/ihren Interessen und Neigungen entsprechen (z.B. Pflege des Klassenaquariums, Organisation einer Exkursion etc.).
- Es wird jemand aus der Familie des/der Jugendlichen eingeladen, der von seinem Beruf o.ä. berichtet.
- In einem Test werden die richtigen Antworten markiert, nicht aber die falschen.
- Der Schüler bzw. die Schülerin bekommt die Möglichkeit einer Überarbeitung vor der endgültigen Benotung, z. B.: Eine Mathematikarbeit besteht

aus zehn Aufgaben von denen ein Schüler sechs Aufgaben fehlerlos löst. Der Lehrer kann nun unter die Arbeit „-4" für die ungelösten Aufgaben schreiben und diese mit „mangelhaft" zensieren. Er kann aber auch „+6" für die gelösten Aufgaben unter die Arbeit schreiben und vor der endgültigen Benotung ein Gespräch mit dem Schüler führen: „Daran, dass du sechs Aufgaben gelöst hast, sehe ich, dass du die Aufgaben verstanden hast. Es muss also einen anderen Grund geben, weshalb du die anderen nicht gelöst hast. Woran lag es? Ich wollte erst mit dir sprechen und dir die Gelegenheit geben, die Aufgaben zu korrigieren, bevor ich die endgültige Note eintrage."

Häufig haben wir den Eindruck, dass wir bei einem bestimmten Jugendlichen beim besten Willen kein Gebiet finden können, in dem er bzw. sie nur den kleinsten Erfolg aufweist. Dies liegt meist daran, dass wir ausschließlich auf eine Verhaltensebene (z. B. soziale Fähigkeiten) oder aber auf kognitive Schulleistungen fixiert sind. Wenn es jedoch darum geht, das Selbstwertgefühl und die Selbstwirksamkeit eines Jugendlichen zu stärken, sollte dieser Blick geweitet werden und jede Situation genutzt werden, die es erlaubt, für diesen Jugendlichen ein gutes Wort einzulegen. Vielleicht ist er bzw. sie ja besonders geschickt oder aber sehr kreativ. Hierfür sollten dem bzw. der Jugendlichen dann Möglichkeiten für eine sinnvolle Nutzung dieser Fähigkeiten geboten werden – und er bzw. sie sollte schließlich Anerkennung hierfür erhalten. Hilfreich und notwendig ist dazu der Austausch mit anderen Personen (LehrerInnen, SozialpädagogInnen, Eltern, FreundInnen), um so einen erweiterten Blick zu erhalten – und die positiven Seiten dieses Menschen zu entdecken.

Konsequenzen setzen: Logische und natürliche Folgen

Solch ein kontinuierlicher Prozess der Ermutigung bildet dann die Basis dafür, zugleich sog. *logische Folgen* bzw. Konsequenzen für das problematische Verhalten (z.B. Schwänzen, Regelübertretung) zu arrangieren. Denn: Eine Gesellschaft, auch die Klassengemeinschaft, kann ohne Grundregeln nicht funktionieren. Im Gegensatz zu Strafen im Sinne einer autoritäts- bzw. machtorientierten Disziplinierung führen logische Folgen in Verbindung mit dem Prinzip der Ermutigung jedoch auch tatsächlich zu Verhaltens- und Einsichtsänderungen. Wichtig ist hierbei, dass

- die Konsequenz für den Jugendlichen logisch mit dem Fehlverhalten verknüpft ist und nicht als reine Willkür erlebt wird, z. B.: „Wenn du die Wände beschmierst, wird dies von dir nach Schulschluss auch wieder beseitigt".

- kein Element moralischen Urteils enthalten ist: „Wenn du dich wie ein Kleinkind benimmst, dann..."
- sie sich mit dem befassen, was gerade geschieht und eindeutig zuzuordnen ist, nicht mit der Vergangenheit oder Vermutungen über den Verursacher.
- die Konsequenzen das Kind vor eine „echte" Wahl stellen, statt zu befehlen, drohen und anzuordnen, z. B.: „Entweder du gehst die Treppe hinunter ohne andere Kinder zu stoßen, oder aber ich muss dich hier behalten, bis alle anderen fortgegangen sind und wir dann gemeinsam hinuntergehen können".

Das Prinzip der Wahl ist ein grundlegendes Wesensmerkmal logischer Folgen: Die bzw. der Jugendliche entscheidet letztlich selbst, ob sie bzw. er die Konsequenzen tragen will oder auf alternative Verhaltens- und Sichtweisen zurückgreift, die ihr bzw. ihm durch die Ermutigung aufgezeigt worden sind. Dies fällt uns meist sehr schwer: Zu akzeptieren, dass der bzw. die Jugendliche in manchen Fällen die negativen Konsequenzen vorzieht. Hier wird dann auch kein Belehren, gutes Zureden, Moralisieren etc. helfen. Wichtig ist vielmehr:

- sicherzustellen, dass es in diesem Moment als bewusste bzw. eigene Entscheidung vom Jugendlichen erlebt wird und
- dass dann unmittelbar und konsequent die logische Folge zum Einsatz kommt.

Logische Folgen stoßen jedoch dann an ihre Grenzen, wenn der Jugendliche einen Machtkampf mit dem Pädagogen sucht, Überlegenheit zeigen will oder sich rächen will. Logische Folgen verschärfen hier den Konflikt und provozieren Gegenreaktionen. Hier können ausschließlich *natürliche Folgen* Wirkung zeigen, die sich aus der Natur eines Handlungsablaufs ergeben. Sie werden nicht vom Pädagogen arrangiert oder angeordnet, sondern sie geschehen einfach. Wenn ein Jugendlicher beispielsweise provozierend mit dem Messer spielt, kann es passieren, dass er sich in den Finger schneidet. Diese negative Konsequenz sollte dann für sich alleine wirken – selbstverständlich nur dann, wenn die Sicherheit von Leib und Leben nicht bedroht ist. Würde der Pädagoge diese Situation nun zusätzlich kommentieren („Da siehst du was passiert, wenn...") oder aber mit einer weiteren Strafe belegen („Jetzt reicht es, Messer her und zur Strafe machst du jetzt..."), so ginge die Wirkung der natürlichen Folge verloren, da der Jugendliche sich nun wieder auf den Machtkampf konzentriert.
Hilfreich und notwendig sind in solchen Situationen zudem zusätzliche

Gespräche mit der bzw. dem Jugendlichen. Dies wird im folgenden Kapitel ausführlicher dargestellt.

5.2.3 Personenzentrierte Gespräche

> „Wenn man nicht mehr zur Schule geht, dann braucht man irgendwie eine Vertrauensperson... Die Person muss für einen da sein, die einen begleitet, der man auch mal was erzählen kann."
>
> (Schüler)

Ein weiterer bewährter Ansatz ist es, sich Zeit zu nehmen für personenzentrierte Gespräche mit dem Jugendlichen. Personenzentriert wird hier im Sinne des von Carl Rogers (1983; 1985; 1994) entwickelten Beratungs- und Persönlichkeitsansatzes als Abgrenzung zu einem „problemzentrierten Gespräch" verwendet: Es bedeutet, dass nicht das Problem und dessen Lösung in den Mittelpunkt des Gesprächs gestellt wird, sondern die Person des Jugendlichen als Individuum, das prinzipiell die Fähigkeit in sich hat, im Rahmen eines speziellen Beziehungsangebotes zu einem besseren Verständnis seiner selbst zu kommen und daraus folgend Einstellungs- und Verhaltensänderungen selbst vornehmen kann.

Basis ist eine Gesprächsführung, die in erster Linie durch die Beziehung und gegenseitiges Vertrauen geprägt ist. Dafür sind folgende Grundhaltungen des Pädagogen notwendig (Rogers 2008, S. 279ff.; vgl. auch Tausch/Tausch 1990; Weinberger 2008):

(1) Positive Wertschätzung/emotionale Wärme

Es geht darum, den anderen in seinem „Da-Sein" zu akzeptieren, ohne diese Akzeptanz an Bedingungen zu knüpfen. Jeder Pädagoge sollte sich die Frage stellen, inwieweit er bzw. sie in der Lage ist – bzw. bereit ist, sich zu *bemühen* –, einen anderen Menschen so zu akzeptieren, wie dieser ist, als ganze Person, mit all seinen Schwächen und Fehlern. Dies ist für den Aufbau einer konstruktiven zwischenmenschlichen Beziehung von zentraler Bedeutung.

(2) Echtheit/Selbstkongruenz

Der Pädagoge muss der Mensch sein, der er ist, und er muss sich seiner Einstellungen und Haltungen bewusst sein, es geht um ein „Ohne-Fassade-Sein" bzw. „Real-Sein". Er wird somit ein wirklicher Mensch in seiner Beziehung zum Jugendlichen des Pädagogen. So kann er in bestimmten Situationen durchaus ärgerlich und wütend sein, in anderen aber auch sensibel oder mitfühlend. Wichtig ist, dass er *seine* Gefühle als seine Gefühle akzeptiert, die er nicht dem Jugendlichen aufzwingen kann.

(3) Einfühlendes Verstehen/Empathie

Dies bedeutet, den inneren Bezugsrahmen des anderen möglichst exakt wahrzunehmen, mit all seinen emotionalen Komponenten und Bedeutungen, gerade so, als ob man die andere Person wäre, jedoch ohne jemals die „Als-ob" Position aufzugeben. Die Wut, die Angst oder Traurigkeit des Jugendlichen zu spüren, ohne dass dabei die eigene Wut, die eigene Angst oder Traurigkeit hineingezogen wird. Erst wenn die Welt des Jugendlichen dem Pädagogen in dieser Weise klar ist und er sich darin bewegen kann, dann kann er echtes Verständnis für die Erfahrungen und Probleme des Jugendlichen empfinden und auch mitteilen.

Eine für den schulischen Alltag praktikable Umsetzung formuliert Thomas Gordon (2004), ein Schüler von Carl Rogers, im Rahmen seiner Lehrer-Schüler-Konferenz. Interessant für personenzentrierte Gespräche mit Schulverweigerern sind dabei vor allem die Klärung des Problembesitzes sowie die Sprache der Annahme:

Problembesitz: Das Problem beim Jugendlichen lassen!

Schulmüdes und schulverweigerndes Verhalten resultiert zumeist aus Problemen und Krisen, die der bzw. die Jugendliche zu bewältigen hat. Als LehrerInnen und (Sozial-)PädagogInnen neigen wir häufig dazu, uns dieses Problem anzueignen und es in gleicher Weise zu unserem Problem werden zu lassen – und es dann wieder dem Jugendlichen zuzuweisen. Dies führt dazu, dass wir die Jugendlichen in verständnisloser Weise zu ProblemträgerInnen und Schuldigen erklären: „Du musst fleißig sein, wir wollen doch, dass du einen Ausbildungsplatz bekommst! Ich verstehe einfach nicht, warum du nicht fleißiger bist!?" Häufig geht dies mit Angeboten konkreter Problemlösungen einher, wie beispielsweise die Organisation einer Nachhilfe, die Schaffung eines Kontaktes zu einem Ausbildungsbetrieb etc. Diese – sicherlich gut gemeinte – Sorge um die Zukunft der bzw. des Jugendlichen („Ich bin doch verantwortlich für...") führt jedoch meist zu Widerstand. Es werden hierdurch unterschwellig Botschaften gesendet, die der bzw. dem Jugendlichen mitteilen, dass ihr bzw. sein Verhalten unannehmbar ist: Die Pädagogin bzw. der Pädagoge möchte also, dass Jugendliche sich ändern, dass sie sich so verhalten, als haben sie keine Probleme, kurzum: Er möchte, dass sie aufhören, ein Problem zu haben, was immer es auch sei.

Wichtig ist hier, das Problem und dessen Lösung beim Jugendlichen zu belassen. Die Pädagogin bzw. der Pädagoge kann begleiten, unterstützen und Ressourcen anbieten – diese annehmen, nutzen und umsetzen kann letztlich jedoch nur die bzw. der Jugendliche selbst. Dies fällt in der Praxis häufig schwer: Die eigenen Ideen und Ressourcen lediglich als Angebote zu formulieren – und eben nicht mit Nachdruck und Belehrung zu empfehlen („Es ist aber wichtig, dass...)" oder moralisierendem Unterton anzubieten („Jetzt habe ich mich so um den Kontakt bemüht..."). Gordon stellt solchen und anderen nicht-annehmenden Problemlösungsstrategien die „Sprache der Annahme" entgegen.

Sprache der Annahme: Raum geben für Selbstaktualisierung!

Die Sprache der Nicht-Annahme teilt der/dem bedrängten Jugendlichen mit, dass sie/er sich ändern muss, sich besser ändern würde oder ändern sollte. Sie kann ihr/ihm auch vermitteln, dass ihr/sein Problem unwichtig ist (z.B. durch Beschwichtigen, Ablenken, permanentes Aufheitern etc.) oder mit ihr/ihm etwas nicht in Ordnung ist.

Wenn jemand eine andere Person aber so annimmt, wie sie ist und die Initiative bei der Person belässt, die das Problem besitzt, trägt dies entscheidend dazu bei, dass die andere Person sich entwickeln kann, zu konstruktiven Veränderungen fähig wird, Probleme lösen lernt und insgesamt produktiver und kreativer werden kann. Auch wenn es sich zunächst paradox anhört: Wenn ein problematischer, aggressiver oder anders auffälliger Schüler fühlt, dass er bzw. sie von einem anderen Menschen wirklich akzeptiert wird, dann ist er bzw. sie frei, sich auf den Weg zu machen, und kann anfangen, darüber nachzudenken, wie er bzw. sie sich ändern will, wie er bzw. sie anders werden kann, wie er bzw. sie mehr von dem werden könnte, was zu sein er bzw. sie fähig ist.

Konstruktive Methoden hierfür sind:

(1)Passives Zuhören: Schweigen und Aufmerksamkeitsreaktionen zeigen!

Nichts zu sagen vermittelt tatsächlich Annahme, es gibt dem/der Jugendlichen den Raum, mehr über sich und seine/ihre Probleme zu erzählen. Im Alltag lässt sich häufig das Gegenteil beobachten: Da uns Stille und Schweigepausen im Gespräch unangenehm sind, reden wir meist selbst sehr viel – und geben dem/der Jugendlichen gar keine Möglichkeit, über sich zu reden. Aber: Vielen Jugendlichen fällt es schwer, über sich und ihre Probleme zu reden. Sie suchen nach Worten und brauchen Zeit, um ihre Gedanken zu sortieren. Während wir schweigen, geben wir ihnen hierzu die Möglichkeit. Dies sollte allerdings mit bestätigenden Reaktionen einhergehen, wie z. B. nicken, Blickkontakt, lächeln, Stirn runzeln etc. sowie verbalen Äußerungen: „Oh“, „Aha“, „Hmhm“. Hierdurch wird dem/der Jugendlichen signalisiert, dass man noch aufmerksam ist und zuhört.

(2) Türöffner: Zum Erzählen ermutigen!

In vielen Fällen brauchen Jugendliche zusätzliche Ermutigung, mehr zu erzählen, tiefer zu gehen oder sogar erst einmal anzufangen. Hilfreich ist es hier, offene Fragen zu stellen: „Möchtest du mehr darüber erzählen?“, „Gibt es etwas, was dich bedrückt?“, „Das klingt…, erzähl mehr.“

(3) Aktives Zuhören: Verstehen zeigen!

Durch die vorangegangenen Methoden wird Annahme vermittelt, die bzw. der Jugendliche weiß jedoch nicht, ob die Pädagogin bzw. der Pädagoge sie bzw. ihn auch wirklich *verstanden* hat. Hierfür ist es sinnvoll, der/dem Jugendlichen eine verbale Rückmeldung über das zu geben, was ich verstanden habe – statt meiner eigenen Meinung und meinen Lösungsvorschlägen. Hierbei geht es allerdings nicht um eine oberflächliche Wiederholung des Gesagten, sondern um eine tiefergehende Entschlüsselung der Bedeutungsinhalte. Klassischerweise wird hierbei insbesondere der gefühlsmäßige Erlebnisinhalt von Aussagen und deren existenzielle Bedeutung für den Jugendlichen erfasst und gespiegelt, z. B.: „Das Zeug ist zu schwer, ich kann das nicht verstehen!“ Hinter solch einer Aussage kann „Überforderung“ stehen, aber auch Angst davor, ein Versager zu sein. Dies gilt es dann der/dem Jugendlichen in offener Frageform zurückzumelden: „Die Aufgaben überfordern dich?“, „Du hast Angst, zu versagen?“

Auch die Sprache der Annahme erfordert, ähnlich wie das Prinzip der Ermutigung, bestimmte Grundhaltungen und -regeln, damit eine eigenständige Problemlösung beim Jugendlichen ermöglicht wird (Gordon 2004, S. 77f.):

- Dem/der Jugendlichen muss zugetraut werden, dass er bzw. sie seine/ihre Probleme letzten Endes selbst lösen kann. Zu Beginn erzählen schulverweigernde Jugendliche meist sehr weitschweifig und lenken immer wieder ab: Hier benötigen Sie den Glauben an den *Prozess*. Schulverweigerung ist in vielen Fällen das Ergebnis eines jahrelangen sehr komplexen Prozesses, hierfür lässt sich nicht über Nacht eine Lösung finden. Vielmehr sind kontinuierliche Gespräche notwendig, über mehrere Wochen oder sogar Monate.
- Als Pädagogin/Pädagoge muss man in der Lage sein, die von Jugendlichen ausgedrückten Probleme *ehrlich anzunehmen*, wie sehr sie sich auch von den Gefühlen unterscheiden, die der/die Jugendliche nach Ansicht des Pädagogen/der Pädagogin haben „sollte".
- Die Pädagogin bzw. der Pädagoge muss dem/der Jugendlichen bei seinem/ihrem Problem helfen *wollen* und sich *Zeit* dafür nehmen.
- Als Pädagogin/Pädagoge muss ich verstehen, dass entmutigte Jugendliche selten dazu in der Lage sind, andere sofort an ihren Problemen teilhaben zu lassen. Hier hilft die Sprache der Annahme dem/der Jugendlichen, seine/ihre Situation zu klären, tiefer vorzudringen und sich von zweitrangigen Problemen zu lösen.
- Als Pädagogin/Pädagoge muss ich das, was der bzw. die Jugendliche mir über sich selbst und sein bzw. ihr Leben anvertraut, vertraulich behandeln. Das „Tratschen" und ein zu offener Austausch unter KollegInnen wird die Beziehung zum Jugendlichen schnell zerstören.

Vertiefende Fragen: Den Prozess voranbringen!

In vielen Fällen werden sich schulverweigernde Jugendliche dennoch schwer damit tun, über ihre „eigentlichen" Probleme zu sprechen. Das muss nicht unbedingt etwas mit mangelndem Vertrauen oder bösen Absichten ihnen gegenüber zu tun haben. Vielmehr fühlen sich Jugendliche unsicher, sie wissen meist nicht, wie sie ihre Probleme benennen und beschreiben sollen. Denken Sie daran: Es kann sein, dass der bzw. die Jugendliche es seit vielen Jahren nicht mehr erlebt hat, dass sich jemand wirklich für ihn bzw. sie als Person interessiert hat. Wenn man es nicht gewohnt ist, frei über seine Gedanken, Vorstellungen, Befürchtungen und Erwartungen zu sprechen, braucht man Zeit, um hierfür die passenden Worte zu finden. Ausschließliches Zuhören kann hier an seine Grenzen stoßen.

Von daher kann es sinnvoll sein, den Prozess zudem mit „wohldosierten" Fragen voranzutreiben. Dies kann dem bzw. der Jugendlichen helfen, leichter ins Erzählen zu kommen. Bewährt haben sich hier offene Prozessfragen, d.h. es geht nicht um das „Ausfragen" oder „Sondieren", sondern darum, einen Klärungs- und Veränderungsprozess beim Jugendlichen zu initiieren. Die Fragen sollen grundsätzlich so formuliert werden, dass keine Antwort implizit hinterlegt ist bzw. vorgegeben wird (z. B. „Kann es nicht sein, dass...?") oder der Jugendliche mit einem bloßen Ja oder Nein antworten kann („Hast du Angst vor dem Lehrer M.?") – es soll vielmehr ein freier Erzählfluss angeregt werden: „Erzähl mal, wie ist das denn mit dem Lehrer M. und dir?".

Grundsätzlich lassen sich zwei Fragerichtungen unterscheiden: Zum einen Fragen, die in erster Linie zur Klärung der Ist-Situation beitragen, zum anderen Fragen, die Veränderungen initiieren wollen:

(1) Fragen zur Klärung subjektiver Deutungen

Zu Beginn des Gesprächs ist es sinnvoll, den Jugendlichen zunächst einmal darin zu unterstützen, sich über seine eigenen subjektiven Deutungen klar zu werden: Wie sieht er die Situation – und wie erklärt er sich diese? Welche Handlungsmöglichkeiten kommen auf dieser Basis in den Blick? Welche Ziele verfolgt er mit seinem Handeln? etc. Häufig haben die Jugendlichen keine klare Vorstellung von ihrem Problem, sie sind in einem „Problemnebel" gefangen. Die Fragen sollen nun helfen, diesen Nebel „zu lichten", damit alternative Wege und Lösungen sichtbar werden.

Ein klassischer Fragetyp sind hier die sog. *W-Fragen:* Wer, wie, was, wo, wann, seit wann, mit wem, wozu, welche etc.:
- „Wie sieht die Situation aus deiner Sicht aus?"
- „Wie bewertest, erlebst du die momentane Situation?"
- „Wie erklärst du dir die Situation? Wie ist es dazu gekommen?"

Warum-Fragen sollten allerdings vermieden werden, da theoretische Überlegungen nicht weiterführen: Wenn ein Jugendlicher die richtige Erklärung wüsste, hätte er das Problem schon längst gelöst. Warum-Fragen werden dementsprechend schnell als Angriff erlebt und führen zu Rechtfertigungen, die den Prozess nicht weiterbringen.

Die Antworten des bzw. der Jugendlichen sollten Sie dann gezielt vertiefen, indem Sie:

- *eine konkrete Situation fokussieren lassen:* „Kannst du mal eine ganz konkrete Situation in der Schule (oder: zu Hause, in der Peergruppe) beschreiben?“ Während dieser Schilderung wird dann deutlich, mit welchen Konstrukten er bzw. sie die Situation beschreibt, wie er bzw. sie die Situation erklärt usw.
- *verdeckte Erfahrungen erfragen:* „Was heißt das genau: ‚Keine Lust auf Schule haben‘?“, „Wie genau ist das, wenn du ‚keine Lust‘ hast?“, „Was führt dazu, dass du ‚keine Lust‘ hast?“ etc. Durch solche Fragen werden die konkreten Erfahrungen und Erlebnisinhalte, die hinter den Konstrukten liegen, in den Vordergrund geholt.
- *paraphrasieren und strukturieren:* „Ich höre jetzt raus, dass du vor allem deswegen keine Lust auf Schule hast, weil du dich immer blamierst?“ Dies gibt dem/der Jugendlichen die Möglichkeit, Zusammenhänge zu erkennen und zu überprüfen, ob er bzw. sie sich die Situation tatsächlich in dieser Weise erklärt – oder ob er bzw. sie es noch einmal anders erläutern muss.

Eine weitere Möglichkeit ist die *Thematisierung von Hintergrundkonstrukten*. Die Glaubenssätze, die uns am stärksten beeinflussen, so betont Robert Dilts (1993, S. 82), sind gewöhnlich diejenigen, derer wir uns am wenigsten bewusst sind. D.h., zentrale Konstrukte, die das eigene Handeln leiten, sind den Jugendlichen meist selbst gar nicht bewusst. Wenn beispielsweise eine Schülerin im Gespräch ausführlich über den Stress erzählt, den sie mit dem Lehrer M. hat, und dabei immer wieder erzählt, wie wenig sie sich zutraut, dass sie einfach nicht stark genug ist, um Herrn M. ihre Meinung zu sagen usw., dann handelt es sich hier um ein neues Hintergrundkonstrukt: Selbstvertrauen. Dieses kann dann im Gespräch thematisiert werden: „Du erzählst so viel davon, was du dir zutraust oder eben nicht zutraust. Was bedeutet denn Selbstvertrauen für dich?“.
Damit kommt ein neues Thema in den Blick: Es geht nicht mehr, wie ursprünglich, um den Lehrer M., sondern um das Zutrauen in die eigenen Fähigkeiten. Dieses Phänomen tritt in vielen Gesprächen mit Schulverweigerern auf: Sie beginnen mit einem „offiziellen Thema“ auf der Basis der Konstrukte, die der/die Jugendliche zunächst für seine/ihre Deutung der Situation zugrunde legt. Das Gespräch befindet sich hier an der Oberfläche und dreht sich häufig im Kreis. Gelingt es aber, die im Hintergrund anklingenden Konstrukte und Themen aufzudecken und zu thematisieren, eröffnen sich plötzlich neue Perspektiven.

(2) Fragen zur Veränderung subjektiver Deutungen

Es dürfte deutlich geworden sein, dass der Dreh- und Angelpunkt darin besteht, mit Zuhören und gezielten Fragen an den Punkt zu kommen, an dem in den Antworten des bzw. der Jugendlichen für ihn bzw. sie neue Informationen enthalten sind. Tom Andersen (1996, S. 34) bezeichnet dies als eine Fragehaltung, die er als *angemessen ungewöhnlich* bezeichnet. Gemeint ist damit der gezielte Einsatz solcher Fragen, die bei dem Gesprächspartner zu neuen Informationen führen.

- Die Fragen sind so *ungewöhnlich*, dass der Gesprächspartner selbst noch nie auf die Idee gekommen ist, sich mit diesen Fragen zu befassen.
- Die Fragen sind aber andererseits so *angemessen*, dass der Gesprächspartner sich auf sie einlassen und die neuen Informationen aufnehmen und integrieren kann.

Andere Fragen sind nach dieser Unterteilung:

- unangemessen ungewöhnlich, d.h. sie sind den Gesprächspartnern zu fremd, als dass sie die neu geschaffenen Informationen aufnehmen könnten, oder sie sind
- unangemessen gewöhnlich, d.h. sie schaffen keine neuen Informationen, sondern reproduzieren lediglich Bekanntes.

Eine große Kunst besteht nun darin, im Gespräch immer auch angemessen ungewöhnliche Fragen parat zu haben – und diese von Zeit zu Zeit zu stellen. Diese Art zu fragen ist an sich nicht schwer, allerdings braucht es Übung, bis sie für uns sozusagen implizit verfügbar geworden sind.

Eine zentrale Fragevariante ist hier das *Verflüssigen von Eigenschaften:* Die schulverweigernden Jugendlichen haben meist sehr statische, anscheinend unverrückbare Überzeugungen und Zuschreibungen, z. B.: „Bei mir ist nichts mehr zu machen.", „Meine Eltern wollen nichts mehr von mir wissen.", „Den Lehrern bin ich doch total egal." Diese meist polarisierenden Positionen gilt es zu verflüssigen, indem beispielsweise die dahinter liegende Generalisierung und Starrheit hinterfragt wird:

- „Inwieweit gilt das für alle Lehrer?"
- „War das schon immer so?"
- „Kennst du andere, denen es ähnlich geht?"
- „Wenn es auf einer Skala von 1-10 um einen Punkt besser werden würde, was wäre passiert?"

Auch hier ist insbesondere auf die Offenheit der Fragen zu achten. Wenn man beispielsweise fragt: „Hat sich seit dem letzten Gespräch etwas verbessert?“, dann kann es sein, dass die/der Jugendliche schnell mit „Nein“ antwortet, weil sie bzw. er eventuell kleine Veränderungen nicht wahrnimmt. Fragt man dagegen: „Welche kleinen Veränderungen haben sich bei dir seit unserem letzten Gespräch ergeben?“, dann richtet sich ihre bzw. seine Aufmerksamkeit darauf, und man kann weiterfragen: „Was hast du gemacht, um das hinzubekommen?“ Damit rückt man in den Blick, was die bzw. der Jugendliche selbst getan hat, wie sie bzw. er selbst etwas bewirken konnte – und die ist meist eine entscheidende Perspektiverweiterung bei schulmüden und schulverweigernden Jugendlichen.

Eine weitere Variante sind *zukunfts- bzw. lösungsorientierte Fragen.* Auch hierdurch wird ein Perspektivwechsel erreicht: Steht das Problem im Mittelpunkt des Interesses, dann verläuft der Bogen des Gesprächs von der Gegenwart in die Vergangenheit oder umgekehrt. Solche problemorientierten Gespräche versuchen, durch eine möglichst detaillierte und vollständige Erfassung des Problems und seiner Entstehungsgeschichte relevante Hinweise auf mögliche Lösungen zu finden. Dies gelingt allerdings in vielen Fällen nicht, insbesondere dann, wenn die Situation als aussichtslos erlebt wird, wie es bei schulmüden und schulverweigernden Jugendlichen der Fall ist. Die Problemfokussierung kann hier sogar zu einer Verfestigung dieser Sicht- und Erlebensweise führen.

Peggy Penn (1986) hat in diesem Zusammenhang auf die Bedeutung von Fragen hingewiesen, die sich auf die Zukunft beziehen: Hierdurch wird der Gesprächsverlauf, und damit auch die Sicht- und Erlebensweise des Gesprächspartners, verändert, das Gespräch verläuft von der Gegenwart in die Zukunft. Dies wird erreicht, indem die Jugendlichen über ihre Ideen zum Stand des Problems (und seiner eventuellen Veränderungen) in der vor ihnen liegenden Zeit befragt werden, z. B.:

- „Angenommen, du kannst jetzt noch einmal die Schule wechseln, wo würdest du am liebsten hingehen? Was wäre dir wichtig?“
- „Was würde, *wenn…*“?
- „Wie glaubst du, wird die Situation in drei Monaten aussehen?“, „Was wird anders sein?“, „Wie erklärst du dir das?“
- „Wann wirst du dich entscheiden, wieder mitzuarbeiten?“, „Wann wird es wieder besser werden?“, „Was wird dir dabei helfen, es zu schaffen?“

Zukunftsfragen geben Raum für Spekulationen und Konstruktionen neuer Möglichkeiten. Sie bieten dem Jugendlichen die Möglichkeit, sich völlig neue Handlungsalternativen auszudenken. Wenn sie dabei zukünftige Entwicklungen zum Besseren hin erörtern, wird ihnen auch (implizit) die Fähigkeit zugesprochen, Einfluss nehmen zu können auf ihr Schicksal. Genau dies hat einen entscheidenden Einfluss auf die Steigerung der Selbstwirksamkeit und die Stärkung des Selbstwertgefühls. Ein klassisches und immer wieder sehr wirksames Instrument hierfür ist die *Wunder-Frage:*

- „Angenommen, es würde eines Nachts, während du schläfst, ein Wunder geschehen, und das Problem … ist gelöst. Weil du schläfst, merkst du zunächst nicht, dass ein Wunder geschehen ist. Aber woran wirst du dies am nächsten Morgen bzw. Tag merken? Was wird anders sein?"

Globale und unspezifische Antworten können dann durch entsprechendes Nachfragen zu immer präziseren Vorstellungen führen, z. B.:

- „Wer wäre die erste Person, der am nächsten Tag auffallen würde, dass sich nach dem Wunder etwas mit dir verändert hat?", „Was genau wird diese Person feststellen?"
- „Was müsstest du machen, um so zu tun, als sei ein Wunder geschehen?"
- „Wenn du so tun würdest, als ob ein Wunder geschehen ist, was wäre die erste Veränderung, die du an dir selbst wahrnimmst?"

Dieser Art zu fragen, die in den vorangegangenen Abschnitten dargestellt wurde, liegt ein lösungsorientiertes Denken zugrunde, welches sich insbesondere in systemischen Ansätzen findet. Wenn Sie dieses Thema vertiefen wollen, so finden Sie beispielsweise eine gute und sehr anregende Einführung in

- Hubrig, Ch./Herrmann, P.: Lösungen in der Schule. Systemisches Denken in Unterricht, Beratung und Schulentwicklung. Heidelberg (2. Aufl.) 2007, Carl-Auer Verlag.

Weg zur Lösung: Gemeinsame Ziele und Entwicklungsaufgaben festlegen!

Ein Hauptproblem ist, dass Kinder und Jugendliche, die die Schule schwänzen oder schulmüde sind, meist kein klares Ziel haben – oder ein Ziel verfolgen, welches mit den Zielen der anderen Akteure (Lehrer, Eltern, Sozialpädagogen…) unvereinbar erscheint. Das Ziel des regelmäßigen Schulbesuchs ist meist unser Ziel, nicht aber unbedingt auch das Ziel des

Jugendlichen. Wichtig ist daher, mit den Jugendlichen gemeinsame Ziele zu formulieren, die nicht auf einer „Du-sollst", sondern auf einer „Ich-will" bzw. „Wir-wollen" Haltung basieren.

Es lassen sich dabei folgende grundsätzliche Kriterien für *sinnvolle bzw. sinnhafte Zielformulierungen* benennen:

- Ziele müssen bedeutsam für die Jugendlichen sein, es muss eine „gefühlsmäßige Verankerung" stattfinden: Nur wenn das Ziel zu einer gefühlten Verbesserung der Situation führt und attraktiv erscheint, lohnen sich die mit den Schritten der Zielerreichung verbundenen Anstrengungen. Dementsprechend sollte immer auch nach dem positiven Nutzen des Ziels gefragt werden: „Was bringt dir das Ziel?", „Wie wird es sein, wenn…?", „Wie geht es dir dann?".
- Ziele müssen überschaubar und im Lebenskontext der Jugendlichen realistisch sowie erreichbar sein: Gerade bei schulverweigernden Jugendlichen ist es wichtig, schnell erste Erfolge zu erleben und das Ziel näher kommen zu sehen.
- Ziele erreichen ist „harte Arbeit", d.h. sie müssen dennoch anspruchsvoll sein, sonst findet keine Veränderung statt.
- Ziele müssen eher das Vorhandensein als die Abwesenheit von etwas zum Ausdruck bringen: Häufig neigen wir dazu, zu sagen, was wir nicht wollen: „Ich will keine Angst mehr haben". Um diesen Zustand erreichen zu können, muss ich aber wissen, was anstelle der Angst treten soll: „Ich will mir mehr zutrauen!". Achten Sie also darauf, dass Ziele grundsätzlich positiv formuliert sind.
- Ziele müssen konkret, präzise und verhaltensbezogen sein, damit die Erfolge sichtbar werden. Bezogen auf das o.g. Beispiel: „Was genau heißt ‚mehr'?", „Woran genau merkst du, dass du dir mehr zutraust?", „Wie verhältst du dich, wenn du dir mehr zutraust?" etc.

Je mehr dieser Eigenschaften in der Zielformulierung enthalten sind, umso bedeutsamer und erkennbarer wird ihre Umsetzung für alle Beteiligten. Auf Basis dieser Ziele lassen sich dann *Entwicklungsaufgaben* bestimmen, um das Ziel zu erreichen. Diese können sowohl im schulischen als auch im außerschulischen Bereich liegen. Die Ausgangsfrage lautet: „Wenn du X erreichen willst, was würde sich dann als Aufgabe für dich stellen? Und welche Fähigkeiten müsstest du einsetzen oder entwickeln?". In einem weiteren Schritt wird dann erarbeitet, was andere tun müssten (Eltern, LehrerInnen ...), damit der bzw. die Jugendliche „sein" bzw. „ihr" Ziel erreichen kann. Karlheinz Thimm gibt in seinen Handreichungen der Landeskooperationsstelle

Schule-Jugendhilfe (*www.kobranet.de*) hierzu folgende Beispiele:

- Paul will genau herausbekommen, was „es" ist, das ihn immer wieder in die Schulflucht treibt. Außerdem will er lernen, seinen Ärger besser zu beherrschen, wenn er sich von Lehrern ungerecht behandelt fühlt.
- Lisa möchte ihr Selbstbewusstsein gegenüber Beschämungen der MitschülerInnen durch Erfinden von mindestens fünf neuen Reaktionsmöglichkeiten steigern.
- Yvonne will lernen, zwei Mitgliedern der Clique zu widerstehen, die sie häufiger zum Schwänzen überreden. Gleichwohl möchte sie diese beiden Jugendlichen als Freunde behalten.
- Nico formuliert als Aufgabe für sich, herauszufinden, was ihm die Kraft für den Schulbesuch nimmt. Zudem möchte er für sich klären, was er tun müsste, um das Kiffen auf das Wochenende zu beschränken.

Diese Aufgaben sind schließlich in *konkreten Handlungsschritten* abzuarbeiten. Typische Bereiche für Handlungsschritte bei Schulverweigerern betreffen das Aufstehen, die Vorbereitung auf den Schulbesuch, Schulweg, Ankommen, Umgang mit Enttäuschung, Ärger und Langeweile am Vormittag, Antworten und Reaktionen auf verführerische Angebote zum „Abhauen", Umgang mit Hausaufgaben, Klassenarbeiten, Aufgerufen-Werden, Reaktion auf Lehrerermahnungen usw. Meist ist es sinnvoll, Verabredungen für die nächsten Wochen zu treffen. Ggf. lässt sich hieraus auch ein Projektstrukturplan erstellen (vgl. Kapitel 3.2.5), auf jeden Fall sollte jedoch ein Aktivitätenplan erstellt werden:

WAS ist zu tun?	**WOZU?**	**WANN und WO?**	**benötigte Hilfsmittel /Unterstützung**
Einzelne Schritte, möglichst konkret	*Bedeutsamkeit des Schrittes, gefühlsmäßige Verankerung*	*Terminierung und Situierung*	*Aspekte, die noch notwendig sind für den Erfolg*

Hilfreiche Prüffragen bei der Erarbeitung eines solchen Planes sind:

- Woran wirst du merken, dass du auf dem richtigen Weg bist?
- Auf einer Skala von 0-100 %: Wie wahrscheinlich ist es, dass du diesen Schritt gehst?

- Wie könntest du dir ein Bein stellen? Was könnte die Zielerreichung verhindern?

Solch ein schriftlicher Plan hilft der/dem Jugendlichen, den Weg zum Ziel im Blick zu behalten, und erinnert sie/ihn daran, dass nicht alles auf einmal erreicht werden muss. Zudem wirkt der Plan als Kontrakt zwischen Ihnen und der bzw. dem SchülerIn. Und schließlich hilft es auch Ihnen, den Prozess zu strukturieren und im Blick zu behalten – und bietet dann die Basis für jedes weitere Gespräch: „Was hat sich ergeben seit unserem letzten Gespräch? Welche Schritte sind abgearbeitet? Wo gab es Erfolgserlebnisse, wo Probleme?“ etc.

Den Rahmen schaffen

Solche Gespräche, dies ist vermutlich bereits deutlich geworden, lassen sich nicht in der 5-Minuten Pause oder „zwischen Tür und Angel“ führen, sie benötigen einen bestimmten Rahmen – ähnlich wie die Erstgespräche mit den Eltern. Wichtige Aspekte sind hierbei:

(1) Zeit und Struktur

Bei personenzentrierten Gesprächen, wie sie hier dargestellt wurden, handelt es sich nicht um ein „irgendwie miteinander reden“, sondern sie erfordern eine bestimmte Struktur im Vorgehen. Im Anschluss an Kurt Lewin (1947, S. 34f.), dem Hauptbegründer der gruppendynamischen Forschung, ist die Basis für solch eine Strukturierung folgende These: In Veränderungsprozessen müssen zunächst eingefahrene Einstellungen aufgetaut und verändert werden, bis neue Stabilität entsteht. Daraus ergeben sich folgende Phasen mit unterschiedlichen Aufgaben:

- *Auftauen (unfreezing)*: Kontakt und Einstieg, Klärung von Regeln und Rollen, erste Problembeschreibung und Zielformulierung
- *Ändern (moving)*: vertiefte Problemanalyse, Erarbeitung von Entwicklungsaufgaben und Aktivitätenpläne, Durchführung und Erfolgskontrolle
- *Wiederherstellen der Stabilität (refereezing)*: Erfolge und Veränderungen sicht- und erlebbar machen, Sicherung der Kontinuität, Abschluss.

Es handelt sich hierbei um einen längerfristigen Prozess, der i.d.R. mehrere Gespräche umfasst. Da der Verlauf des Prozesses bei jedem/jeder Jugendlichen anders verläuft und sich daher nicht zu 100 % vorhersagen lässt, lassen sich auch keine allgemeingültigen Aussagen über die Dauer und Häufigkeit treffen. Grundsätzlich ist jedoch empfehlenswert,

- genügend Zeit (mind. 45 Minuten) für jedes Gespräch einzuplanen, um so genügend Raum zu haben, um Widerstände zu bearbeiten, unscharfe Problem- und Zielbeschreibungen zu konkretisieren oder für den bzw. die Jugendliche/n sinnhafte Ziel- und Entwicklungsaufgaben zu entwickeln. Wenn Sie beispielsweise bei einem Gesprächstermin einen Aktivitätenplan erarbeitet haben und bei der abschließenden Prüffrage („Wie wahrscheinlich ist es, dass du die erste Aufgabe diese Woche erledigst?") ein zögerliches: „Ja, ich versuche das dann mal" erhalten, ist es gut, wenn Sie noch genügend Zeit haben, hierauf einzugehen: „Was brauchst du denn noch, damit du vollkommen sicher bist? Wie müssen wir die Aufgaben abändern?".
- zunächst nur drei Gesprächstermine zu vereinbaren. Dies ist für die Jugendlichen ein überschaubarer Rahmen und bietet ihnen die Möglichkeit, sich zunächst unverbindlich auf den Prozess einzulassen. Im Anschluss an diese drei Gespräche kann dann eine weitere – und ggf. längerfristige – Planung erfolgen.

(2) Äußeres Umfeld

Die Gespräche sollten in einer positiv bzw. neutral besetzen Umgebung stattfinden, also möglichst nicht im Klassenraum. Hier gelten dieselben Hinweise, die bereits für die Elterngespräche gegeben wurden:

- Einen Besprechungsraum wählen, in dem das Gespräch nicht gestört wird und eine Atmosphäre der Vertraulichkeit herrscht.
- Ggf. Telefon umstellen, ein Schild „Bitte nicht stören" an die Tür hängen etc.
- Nach Möglichkeit das Gespräch nicht am Schreibtisch, sondern an einem eigenen Besprechungstisch oder in einer eigenen Sitzecke führen. „Vor dem Schreibtisch" zu sitzen weckt für viele SchülerInnen unangenehme Assoziationen („Ich muss Rede und Antwort stehen").
- Ggf. Flipchart oder ein großes Plakat bereitstellen, um wichtige Gedanken, Vereinbarungen etc. notieren zu können.

(3) Rollen und Regeln

Dies ist einer der schwierigsten und zugleich wichtigsten Aufgaben, insbesondere wenn Sie als LehrerIn solche Gespräche führen: Sie müssen dem bzw. der SchülerIn und auch sich selbst immer wieder deutlich machen, dass Sie in diesem Rahmen keine Beurteilungs- und Bewertungsfunktion wahrnehmen, sondern eine Rolle als BegleiterIn und UnterstützerIn einnehmen. Sie müssen also eine „Definition der Situation“ vornehmen:

Es handelt sich hierbei nicht um Unterricht oder ein klassisches Problemgespräch mit dem Klassenlehrer sondern um ein Beratungs- und Unterstützungsgespräch. Hierfür gelten besondere Regeln und es werden von den Beteiligten bestimmte Rollen eingenommen. Die folgende Tabelle veranschaulicht stichwortartig diese Unterschiede:

Herkömmlicher Unterricht	Beratungsgespräch
LehrerIn und SchülerIn befinden sich in einem Lehr-Lernprozess	BeraterIn und Ratsuchende befinden sich innerhalb eines persönlichen Orientierungs- und Planungsprozesses
tendenziell asymmetrische Kommunikation	tendenziell symmetrische Kommunikation
Lehrplan und Lehrstoff zentriert	Schüler bezogene Lebensweltorientierung
inhaltszentriert	kommunikationszentriert
curriculare und Lehrstoff begründete Reduzierung und Fokussierung der Themen	Schüler bezogene Reduzierung und Fokussierung der Themen
wenig Platz für Zufälliges und Unvorhergesehenes	viel Platz für Zufälliges und Unvorhergesehenes

Hiermit geht einher, dass die Ergebnisse und Inhalte des Gesprächs nicht nach außen dringen, den SchülerInnen muss ein Höchstmaß an Vertraulichkeit garantiert werden. Immer dort, wo Privates thematisiert wird, wo Zukunftsentwürfe, Sicherheiten und Ängste oder auch das Scheitern Thema von Gesprächen sein können, verbietet es sich aus ethischer Perspektive, Informationen an Dritte ohne Einwilligung der Ratsuchenden weiterzugeben: Das, was im Gespräch thematisiert wird, „verlässt nicht den Raum" – es wird weder den Eltern, anderen LehrerInnen oder auch Freunden mitgeteilt. Sollten Ausnahmen hiervon erforderlich oder sinnvoll sein, so wird dies vorher besprochen und das weitere Vorgehen gemeinsam abgestimmt. Auch darf hierbei kein Druck auf die Schülerin oder den Schüler ausgeübt werden („Das ist aber doch für alle anderen auch interessant, ich finde du solltest das doch mal im Unterricht mitteilen.“). Dass all dies keinerlei Einfluss auf spätere Benotungen haben wird, sollte selbstverständlich sein.

Sobald die Jugendlichen den Eindruck gewinnen, dass diese Vertraulichkeit in den Gesprächen nicht mehr gewährleistet ist, sind diese nur noch eine Farce. Denn die Jugendlichen werden sich dann mit ihren Äußerungen

Lehrer orientiert kontrollieren und selbst zensieren. Aus einem Thema orientierten Beratungsgespräch wird dann ein Lehrer orientiertes mehr oder weniger belangloses Gespräch.

Grundsätzlich sollten Sie daher entscheiden, ob und in welchem Umfang sie als LehrerIn solche Gespräche führen können oder ob der Einbezug des Schulsozialpädagogen bzw. der Schulsozialpädagogin bzw. einer externen Person, zu der der Schulverweigerer Vertrauen gefasst hat, sinnvoll und notwendig ist.

Für weitere Hinweise zum Ablauf solcher Gespräche sei an dieser Stelle auf Kapitel 2.2.2 (Führung von Elterngesprächen) verwiesen: Achten Sie auch hier darauf, eine passende Sitzposition zu wählen, den Jugendlichen zu spiegeln und rechnen Sie mit Widerständen, die jede Veränderung unwillkürlich hervorruft und die meist gute Gründe hat. Auch hier gilt: Häufig bringt eine Vertagung die Dinge wieder in Fluss. Eine Formulierung wie: „Ich möchte, dass wir beide bis morgen jeder zwei Entwicklungsaufgaben (ich für mich und du für dich) aufschreiben, die dein Schulproblem verbessern", führt meist zu einer produktiven Bedenkpause. Und: Erforschen Sie die „guten Gründe" für den Widerstand: Was benötigt der/die Jugendliche noch? Was bzw. wer könnte ihm/ihr helfen? Vielleicht bedarf es letztlich auch anderer Formen der Umsetzung, die der bzw. die Jugendliche dann mitverantwortlich zu entwickeln hat.

5.2.4 Berufsorientierung und Perspektivität

> „Wir wollen das Spektrum für die Mädchen erweitern, ... dass sie eine Perspektive für sich entwikkeln: Was will ich eigentlich vom Leben? Was brauche ich dann dafür? und: Was hab ich dann für Möglichkeiten?"
> (Projektmitarbeiterin)

Als letzter Ansatzpunkt soll nun auf Möglichkeiten zur Schaffung beruflicher Perspektivität eingegangen werden. Diese Aufgabe fällt klassischerweise in den Bereich der Berufsorientierung, der inzwischen ein fester Bestandteil schulischer Arbeit ist: „Im Rahmen der Berufs- bzw. Studienorientierung sollen junge Menschen befähigt werden, eigene Entscheidungen im Hinblick auf den Übergang ins Erwerbsleben vorzubereiten und selbstverantwortlich zu treffen. Mädchen und Jungen sollen darin unterstützt werden, ihre individuellen fachlichen Interessen und Fähigkeiten ohne frühzeitige Einschränkungen durch tradiertes Rollenverhalten selbstbewusst weiter zu entwickeln. Dazu sollen Kenntnisse über die Wirtschafts- und Arbeitswelt vermittelt, Berufs- und

Entwicklungschancen aufgezeigt und Hilfen für den Übergang in eine Ausbildung, in weitere schulische Bildungsgänge oder in ein Studium gegeben werden... Im Sinne individueller Förderung sollen Schülerinnen und Schüler den Übergang von der Schule in den Beruf verstärkt als Anschluss und nicht als Abschluss erleben" (aus dem Erlass zur Studien- und Berufsorientierung in NRW, BASS 12-21, Nr. 1). Ein bundesweit (aber nicht flächendeckendes) verliehenes Berufswahl-SIEGEL zeichnet zudem solche Schulen aus, die sich in besonderer Weise in der Berufswahl- und Studienorientierung engagieren (*www.netzwerk-berufswahlsiegel.de*).

Darüber hinaus gibt es zahlreiche Angebote außerschulischer Jugendsozialarbeit, um die Berufsorientierungsprozesse von SchülerInnen insbesondere von Haupt- und Förderschulen zu unterstützen (vgl. z. B. die Qualitätsleitlinien vom IN VIA Verband zu diesem Thema). Berufsorientierung ist als Baustein in der beruflichen Integrationsförderung vorgesehen bzw. festgeschrieben, z.B. in den berufsvorbereitenden Bildungsmaßnahmen der Bundesagentur für Arbeit (§61 Sozialgesetzbuch III). Als eigenständiges Angebot ist es als „vertiefte Berufsorientierung" in §33 Sozialgesetzbuch III verankert. Innerhalb dieses Programms besteht die Möglichkeit für Schulen und anerkannte freie Träger der Jugendhilfe, finanzielle Mittel bei den Agenturen für Arbeit zu beantragen. Im Rahmen der Jugend- und Jugendsozialarbeit sind berufsvorbereitende Maßnahmen im Sozialgesetzbuch VIII §11 und §13 möglich. Hinzu kommen verschiedene Länderprogramme, in denen Berufsorientierung konzeptionell vorgesehen ist. Darüber hinaus erschließen Schulen und Träger in der Praxis häufig weitere Finanzierungsmöglichkeiten, z. B. auch Stiftungen und Fördervereine.

Begleitinstrumente für den Berufsorientierungsprozess

Dementsprechend gibt es inzwischen zahlreiche Materialien und Leitfäden zu diesem Themenfeld (vgl. z. B. Hammer u.a. 2009). In den letzten Jahren wurden an vielen Schulen spezielle Ordner bzw. Mappen eingeführt, die als Begleitinstrument zur schulischen Berufsorientierung für SchülerInnen, Eltern, Lehrkräfte, Berufsberatung und Betriebe dienen sollen. Bekannte, evaluierte und bundesweit eingesetzte Instrumente sind hier:

- der nunmehr seit über zehn Jahren bestehende *Berufswahlpass*: In insgesamt fünf Abschnitten werden hier zunächst grundlegende Informationen über eine sinnvolle Berufsorientierung (Einführung) sowie ein Überblick über konkrete Angebote vor Ort (Teil 1: Angebote zur Berufsorientierung) gegeben. Den Mittelpunkt stellen dann die Teile 2 und 3 dar: In

Teil 2 (Mein Weg zur Berufswahl) finden sich eine ganze Reihe von Arbeitsblättern, die dazu dienen, ein persönliches Profil, eine persönliche Lebensplanung sowie konkrete Übergangsschritte zu erarbeiten. Teil 3 unterstützt eine systematische Dokumentation eigener Unterlagen, die für spätere Bewerbungen genutzt werden können. Den Abschluss bildet dann der Teil 4, in dem Hilfen zur Lebensplanung gegeben werden, wie z. B. zum Thema „Auskommen mit dem Einkommen". Der Berufswahlpass-Ordner kann in allen Bundesländern einzeln oder in Klassensätzen zu einem vergleichsweise günstigen Preis bezogen werden. Sämtliche Materialien und Einlegeblätter sowie vertiefende Hintergrundinformationen und Handreichungen sind zudem im Internet kostenlos verfügbar: *www.berufswahlpass.de.*

- der kommerziell vertriebene *ProfilPASS für junge Menschen:* Unter dem Motto „Stärken suchen – Stärken finden" werden die SchülerInnen in drei Bereichen ermutigt und aktiviert, sich mit den eigenen Stärken und Fähigkeiten auseinanderzusetzen: Im ersten Teil (Mein Leben) geht es darum, einen Blick auf das eigene Leben zu werfen. Familie, Freizeit und Schule werden ebenso wie Praktika, Ausbildung und Jobs unter die Lupe genommen. Im zweiten Teil (Meine Stärken) werden u.a. durch Selbst- und Fremdeinschätzungen realistische Vorstellungen von den eigenen Stärken entwickelt. Zum Schluss (Teil 3) geht es dann um die Interessen, Wünsche und persönlichen Ziele: Was möchte ich gerne können und wissen? Darüber hinaus bietet auch dieser Ordner Platz zum Sammeln für Zeugnisse und Nachweise. Besonderheiten dieses Verfahrens sind zum einen der explizite Einbezug non-formaler und informeller Lernprozesse sowie zum anderen die Verzahnung mit einer externen professionellen Beratung. Dadurch wird dieses Instrument allerdings auch sehr kostspielig und wird daher insbesondere im Rahmen von Projektförderungen eingesetzt. Nähere Informationen – auch zu Fördermöglichkeiten – finden Sie unter: *www.profilpass-fuer-junge-menschen.de.*

Darüber hinaus gibt es auch zahlreiche regionale Varianten, wie beispielsweise die Job-Mappe NRW (*www.jobmappe.nrw.de*), oder auch schulspezifische Portfolios zur Berufswahlorientierung und Berufsfindung, einen Berufswahlkompass usw.

Von der Kompetenzbilanzierung zur Talententwicklung

Ein fester Bestandteil dieser Instrumente und Maßnahmen sind Anleitungen zur Kompetenzbilanzierung oder aber Kompetenzfeststellungsverfahren (für einen Überblick siehe Koch/Kortenbusch 2009; Marx/Preißer 2009).

Ein Beispiel hierfür ist der Kompetenzcheck Ausbildung NRW, der in den Jahren 2006 und 2007 durch eine groß angelegte Fördermaßnahme in Nordrhein-Westfalen in die Breite getragen wurde (MAGS 2006, vgl. auch Brüggemann/Knierim 2008; Bührmann 2009a; 2009b). Es handelt sich hierbei allerdings um kein Kompetenzfeststellungsverfahren im eigentlichen Sinne, vielmehr stellt der Kompetenzcheck Ausbildung NRW ein Rahmenkonzept dar, welches Mindeststandards zur Durchführung und Dokumentation vorgibt sowie eine einheitliche Begrifflichkeit sicherstellt.

Im Rahmen eines kompakten zweitägigen Kompetenzchecks bearbeiten die SchülerInnen unterschiedliche vorgegebene Aufgaben und Tests. Nach Möglichkeit sollen folgende drei (mindestens jedoch zwei) unterschiedliche Verfahren zum Einsatz kommen:

- *simulations- bzw. handlungsorientierte Verfahren:* Dies umfasst Assessmentverfahren (Hamet 2: *www.hamet.de*, MELBA: *www.melba.de* u.a.) sowie klassische im Rahmen der Gruppendynamik entwickelte Übungen (NASA-Übung, Turmbau u.a.) – ergänzt durch berufsbezogene Übungen, z.B. Schrauben drehen, Nägel in einen Baumstamm schlagen etc.
- *Verfahren der Selbst- und Fremdbeschreibung sowie Testverfahren:* Hierunter werden in erster Linie standardisierte Berufswahltests gefasst. Praxisbeispiele sind der Berufsinteressen-Test des GEVA-Instituts (*www.geva-institut.de*), EXPLORIX (*www.explorix.de*) oder JobGuide-pro (*www.jobguide-pro.de*)
- *Biographische Verfahren:* Als Ergänzung der übrigen eher an Objektivität ausgerichteten Verfahren sollen zudem Methoden eingesetzt werden, die im Rahmen rückblickender Beschreibungen auch subjektive Einschätzungen und Deutungen erfassen. Als konkrete Methoden werden das qualitative Interview und Instrumente wie der Berufswahlpass benannt. In der Praxis kommen diese Verfahren jedoch kaum zum Einsatz.

Grundlegendes Ziel ist dabei die Kompetenzfeststellung und eine „Potentialdiagnose", „...die den Blick dafür öffnet, was (auch noch) sein könnte" (MAGS 2006, S. 15). Die teilnehmenden SchülerInnen werden hierfür von geschultem Personal beobachtet und bzgl. gezeigter Kompetenzen eingeschätzt bzw. bewertet.

In diesen Vorgehensweisen liegt jedoch ein grundlegendes Problem: Die praktische Umsetzung erfolgt i.d.R. anforderungsorientiert. Im Mittelpunkt steht eine „Passung" zwischen den Anforderungen der Ausbildungsbetriebe und den vorhandenen Fähigkeiten und Fertigkeiten der Jugendlichen, es erfolgt ein Abgleich des jeweiligen Kompetenzprofils mit den Anforderungsprofilen unterschiedlicher Berufsfelder. Kritisch daran ist, dass es sich aus dieser Perspektive um einen sehr einseitigen Prozess handelt: Eine gemeinsame Aushandlung dieser Passung steht nicht zur Debatte, die Jugendlichen verbleiben vielmehr in gewisser Weise in einer Objektrolle, sie produzieren Daten über sich selbst und empfangen die Handlungsempfehlungen. Strukturell haben solche Verfahren damit eher einen klassifikatorischen, wenn nicht sogar selektiven Charakter. Deutlich wird hier das zugrunde liegende formative Paradigma der Kompetenzfeststellung – wie es schwerpunktmäßig auch in der Arbeits- und Organisationspsychologie sowie den davon abgeleiteten personalwirtschaftlichen Instrumenten zu finden ist (z. B. Schuler 2000):

- der Schwerpunkt wird auf den IST-Zustand der Kompetenzen gelegt, diese werden möglichst objektiv, valide und reliabel gemessen,
- auf dieser Basis erfolgt eine eigenschafts- und verhaltenstypologische Bewertung sowie ggf. ein Abgleich mit von außen vorgegebenen Anforderungen,
- der Jugendliche bleibt während des gesamten Prozesses abhängig: er produziert Daten über sich selbst und erhält Interpretationen und daraus resultierende Vorschläge.

Keine guten Voraussetzungen also, um zugleich auch die Fähigkeiten, die Bereitschaft und das Durchhaltevermögen – also die kognitiven, motivationalen und volitionalen Kompetenzen – der Jugendlichen für einen eigenverantwortlichen Berufsorientierungs- und Übergangsprozess zu stärken. Und genau dies ist auch ein Hauptgrund, warum viele der bisher praktizierten Maßnahmen bei schulmüden und schulverweigernden Jugendlichen nicht greifen: Durch die schulischen Defizite und die geringe Selbstwirksamkeit erleben die Jugendlichen in diesem Prozess meist weitere Entmutigung. Sie bekommen nun schriftlich, dass sie den Anforderungen des Arbeitsmarktes nicht gerecht werden und dass ihr „Traumberuf", wenn eine solche Vorstellung vorhanden sein sollte, für sie nicht erreichbar ist. Eine Verstärkung der Apathie und Mutlosigkeit sind häufig die Folge.

Wichtig ist es hier, einen Perspektivenwechsel vorzunehmen: Im Vordergrund muss zunächst die eigene Person mit ihren Talenten, Wünschen und Visionen stehen („Ich bin…" und „Ich will…"), erst dann sollte die Auseinandersetzung mit anforderungsorientierten Fähigkeiten und Fertigkeiten („Ich kann…") sowie den daraus resultierenden Konsequenzen für die Berufswahl und den Weg dorthin stehen („Ich werde…").

Bewusst wird dabei von *„Talenten“* im Gegensatz zu *„Potentialen“* gesprochen: Durch den Begriff des Talents soll die Bedeutung von Begabungen, Fähigkeiten, Persönlichkeitsmerkmalen und individuellen Interessen hervorgehoben werden. Diese sind Ausdruck der Lebensgeschichten von Menschen. Der Begriff des Potentials bezieht sich demgegenüber allzu oft ausschließlich auf die gesellschaftliche oder berufliche Nützlichkeit von Personen. Potentiale werden genutzt, Talente hingegen entfaltet und gefördert.

Ziel muss es dann sein, die „übertragbaren Fähigkeiten“ des Jugendlichen in den Blick zu nehmen, d.h. diejenigen Fähigkeiten, die auf unterschiedliche Themen oder Aufgaben übertragen werden können – unabhängig davon wo, wann und wie sie erworben worden sind. Reinhard Völzke unterscheidet in dem von ihm entwickelten Instrument des TalentKompasses (*www.talentkompass.de*; vgl. Völzke 2007) in diesem Zusammenhang sog. *„Kraftlinien“* (Fähigkeiten und Persönlichkeitsmerkmale) von den sog. *„Magnetfeldern“* (Werte, Interessen und Wünsche an das private und berufliche Umfeld), die in gleicher Intensität in die Betrachtung einbezogen werden: Wie eine Person lebt und arbeitet steht in einem unmittelbaren Bezug zur sozialen, ökologischen und historischen Umgebung – so die Leitidee. Durch eine möglichst genaue Beschreibung der eigenen Interessen sowie die Entwicklung von konkreten Vorstellungen über das Umfeld, in dem eine Person leben und arbeiten möchte, soll das Bewusstsein für die Bedingungen geschärft werden, unter denen die Potentiale und Talente einer Person möglichst optimal zur Geltung kommen können. Und: Hierüber bekommen die Jugendlichen zudem einen ersten Zugang zum Thema „berufliche Zukunft“.

Life/Work Planning

Ein Ansatz, der diesen Perspektivwechsel in der schulischen Berufsorientierung vornimmt, ist das von John Webb im Anschluss an Richard Bolles (Bolles 2002; Bolles/Figler 1999; Bolles/Leitner 2007) in Deutschland angebotene Verfahren des Life/Work Planning: *www.lifeworkplanning.de*. In den Mittelpunkt wird hier konsequenterweise die Person gestellt, nicht die potentiellen Arbeitgeber oder der Arbeitsmarkt sowie allgemeine Beschäftigungsprognosen. Das Verfahren geht dabei sehr biographieorientiert vor und räumt der Sammlung von persönlichen Talenten vor dem Hintergrund der eigenen Biographie einen großen Raum ein. Eine klassische Übung hierzu ist die Erfolgsgeschichte:

(1) Persönliche Erfolgsgeschichte

Diese Übung hilft den Jugendlichen, „Kraftlinien“ und „Magnetfelder“ zu entdecken, die auch völlig außerhalb des schulischen Kontextes liegen können. Hierfür soll er sich an Beispiele und Situationen aus seinem Leben erinnern, die er bzw. sie als besonders erfolgreich erlebt hat: „Erinnere dich an eine Situation aus deinem Leben, in der du vor einer Herausforderung standest, selbst aktiv wurdest, Freude beim Handeln hattest und mit dem Ergebnis deines Tuns zufrieden warst.“

Dies kann sich auf unterschiedliche Aspekte beziehen:

- Fähigkeiten: „Als mir etwas gut gelungen ist…“
- Interessen: „Wo ich mich besonders engagiert habe…“
- Persönliche Merkmale: „In welcher Situation ich mich besonders wohl und angenommen gefühlt habe…“
- Werte: „Als ich mich bewusst für eine Möglichkeit und gegen eine andere Möglichkeit entschieden habe...“

Zu dieser Situation schreibt der bzw. die Jugendliche nun eine Geschichte auf, seine/ihre persönliche Erfolgsgeschichte. Im nächsten Schritt werden dann die Fähigkeiten, Interessen, Werte etc. herausgearbeitet, die in dieser Geschichte sichtbar werden. Dabei kann folgendes Arbeitsblatt helfen:

Geschichte zum Thema …	**Fähigkeiten, die sich in dieser Lebensgeschichte zeigen**
Als ich mein eigenes Modellbauflugzeug gebaut habe, da hatte ich richtig Freude daran.	*sich begeistern für eine Sache*
Alles sollte perfekt sein und ich habe mir richtig Mühe gegeben.	*sorgfältig arbeiten*
…	

Wichtig ist dann der Austausch über diese Geschichte, entweder im Rahmen eines personenzentrierten Gesprächs oder aber in 3er Gruppen mit den MitschülerInnen:

- Eine Person beginnt damit, ihre Geschichte möglichst genau nachzuerzählen. Die anderen SchülerInnen hören zu und stellen konkretisierende

Verständnisfragen (Was genau, Wie genau, Wo genau etc.), um so eine möglichst detailreiche Erzählung zu erhalten.
- Die anderen Gruppenmitglieder schreiben während der Erzählung auf, welche Fähigkeiten sie im Handeln des anderen entdecken.
- Diese entdeckten Fähigkeiten werden nach Abschluss der Erzählung dem bzw. der ErzählerIn reihum zurückgemeldet.
- Abschließend sagt die erzählende Person, wie sie die Rückmeldungen der anderen empfindet und welche der von den anderen genanten Fähigkeiten sie für sich selbst annehmen kann.
- Dann wechseln die Rollen und die nächste Person erzählt eine Erfolgsgeschichte aus dem eigenen Leben. Die Gruppenarbeit endet, wenn alle Gruppenmitglieder ihre Geschichte erzählt und Rückmeldung erhalten haben.

(2) Persönliche Visionen

Vor dem Hintergrund der „entdeckten" Fähigkeiten sollte nun eine persönliche Vision entwickelt werden. Denn: Ob man im Leben Ziele oder Wünsche erreicht, ob man sich bemüht, etwas zu erreichen oder ob man den Sinn in Anstrengungen und Mühen sieht, hängt immer auch entscheidend davon ab, welche Zukunftsvorstellungen bzw. Visionen man bewusst oder unbewusst entwickelt hat. Und genau dies ist ein großes Problem bei Schulverweigerern: Sie sehen keinen Sinn in der Schule, da sie über keine Zukunftsvorstellung verfügen, die diese Anstrengung rechtfertigen würde.

Eine Vision kann als unser inneres Bild von der Zukunft, die wir uns erschaffen wollen, bezeichnet werden. Sie gibt die Richtung für das eigene Handeln und besitzt zugleich emotionale Kraft: Sie motiviert zu Handlungen, sie gibt Energie, einen Weg weiterzuverfolgen. Sie ist damit für Schulverweigerer ein entscheidender Faktor für Veränderungen. Denken Sie beispielsweise an die Vision von Hermann Gmeiner, dem Begründer der SOS-Kinderdörfer, „dem entwurzelten Kind eine Welt der Geborgenheit schenken, die es braucht, um gedeihen zu können". Oder denken Sie an den Bericht des Jugendlichen aus Kapitel 3.2.5 über seine Zukunftsvorstellungen bzgl. einer Familiengründung: „Vorher habe ich ja nur abgehangen, hier mal ein Job und da mal ein Job. Dann habe ich meine Freundin kennen gelernt. Und irgendwie dachte ich dann daran, dass ich auch mal eine Familie haben will. Und trotzdem ein schnelles Auto und in den Urlaub fahren will... Und auf einmal machte das alles Sinn, ich wusste wofür ich das alles mache. Das hat mir geholfen, durchzuhalten".

Allgemein ist eine wirksame Vision durch folgende Merkmale gekennzeichnet (König/Volmer 2008, S. 421; vgl. z. B. auch Blanchard/Stoner 2004; Seiwert 2000, S. 94ff. oder auch das Trainingsprogramm „Ich schaffs!“: Bauer/Hegemann 2008):

- Eine Vision ist die Vorstellung einer *zukünftigen Situation,* die nicht unmittelbar erreichbar ist, aber dennoch in einem vorstellbaren Zeithorizont von beispielsweise drei oder fünf Jahren liegt – also keine Utopie.
- Eine Vision ist eine *Idealvorstellung*, eine Situation, die erstrebenswert ist: Was oder wie will ich in drei oder fünf Jahren sein? Die Vision gibt an, was mir wichtig ist zu erreichen.
- Eine Vision ist *sinnesspezifisch repräsentiert*, d.h. mit allen Sinnen wahrnehmbar: Wie sieht die Situation in fünf Jahren aus: Welche Bilder hast du vor Augen? Wie hört sich die Situation an: Was sagst du z. B. zu dir selbst, was sagen andere zu dir oder der Situation? Welche Empfindungen und Gefühle verbindest du mit dieser Situation: Bist du z.B. stolz auf das Erreichte, entspannt und locker oder aber voller Energie etc.?
- Eine Vision ist das Ergebnis eines *kreativen Prozesses* und nicht streng logisch aufgebaut. Sie beruht auf „schlummernden Ideen“, die es zu wecken gilt. Sie wird nicht „gemacht“, sondern „entdeckt“.

Derartige Visionen führen letztlich auch zur Stärkung des Selbstkonzeptes bzw. der Selbstwirksamkeit: Sobald man die Aufmerksamkeit auf solch eine positive Situation lenkt und diese innerlich repräsentiert, schreibt man sich unbewusst auch bereits die Erfüllung dieser Vision zu. Visionen sind Strategien des Handelns, genau dies unterscheidet sie von Utopien.

Eine schöne Übung hierzu – der Wunschtraum „Zukunft“ – findet sich bei Seiwert (2000, S. 108f.): Für diese Übung benötigen Sie ein großes Blatt Papier (je größer desto besser), farbige Stifte und zehn Minuten Ruhe.

Lehnen Sie sich entspannt zurück, schließen Sie die Augen und stellen Sie sich einfach vor, wie Sie in die Zukunft gebeamt werden. Denken Sie sich einfach genau fünf Jahre weiter:

Wir haben heute den ____________ (HEUTE in fünf Jahren)

Was wird sich heute in fünf Jahren alles verändert haben?

- *Berufliche Situation*: Welcher beruflichen Tätigkeit werden Sie nachgehen? Wie sieht Ihr Arbeitsumfeld aus?
- *Private Situation*: Wie sehen Ihre Beziehungen aus? Welche Menschen und Bezugspersonen sind wichtig?
- *Erfahrungen*: Welche neuen Erfahrungen haben Sie gemacht? Was haben Sie Neues gelernt?
- *Lebensmotto*: Welche Prioritäten haben Sie im Leben, was ist Ihnen wichtig?

Nehmen Sie nun farbige Stifte und visualisieren Sie Ihre Träume und Zukunftsvorstellungen. Sie können auch das Blatt in die o.g. vier Bereiche unterteilen, und jeweils ein kleines Szenario, ein Symbol und/oder Stichpunkte hinzufügen.

Sie können diese Übung selbstverständlich auch sinngemäß mit den Jugendlichen durchführen und sich anschließend über die Vision austauschen. Dies kann dann die Basis dafür sein, konkrete Interessen für die berufliche Zukunft herauszuarbeiten:

- Was ist dir besonders wichtig an deiner Zukunft?
- Welche Konsequenzen ergeben sich daraus für mögliche berufliche Tätigkeitsfelder?

(3) Interessen explodieren lassen

Tun sich Jugendliche mit dem Schritt der Übertragung der Vision auf konkrete Berufsfelder schwer, können Sie zusätzlich „Interessen explodieren lassen“. Ziel ist es hier, zu unterschiedlichen Interessensgebieten mögliche Betriebe und Arbeitsmöglichkeiten zu finden: In die Mitte einer Tafel oder eines Flipcharts wird hierfür ein Kreis gezeichnet. In den Kreis wird das ausgewählte Interessengebiet geschrieben. Anschließend werden sechs

Linien hinzugefügt, an die im nächsten Schritt „Betriebe“ (Firmen, Institutionen, Organisationen, Vereine …) geschrieben werden sollen, die den Teilnehmenden einfallen. Die Frage lautet: „Welche Art von Betrieben fällt dir zu diesem Interessengebiet ein?“.

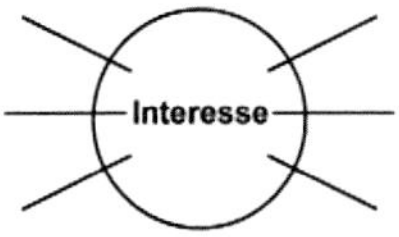

Mindestens sechs Betriebsarten werden gesucht und jeweils an eine Linie geschrieben, je mehr es sind, desto besser. Wenn beispielsweise das Interessengebiet „Alles, was mit Fahrrädern zu tun hat“ ausgewählt wird, dann wird der Begriff „Fahrrad“ in die Mitte des Kreises geschrieben. Bei den „Betrieben“ geht es dann nicht nur um Fahrradläden, in denen repariert und verkauft wird, oder um Firmen, die Fahrräder herstellen. Es geht auch um die „rote“, „blaue“ und „gelbe“ Post, weil dort Fahrräder eingesetzt werden; oder um Radstationen im Bahnhof, Touren-Anbieter, Verkehrsübungsplätze, Radwege-Entwicklungs-Einrichtungen usw. Wichtig ist, dass möglichst viele Firmen, Betriebe und Organisationen aufgeschrieben werden, die irgendetwas mit Fahrrädern zu tun haben.

Anschließend werden zu den Betrieben Namen von in einem solchen Betrieb tätigen Personen geschrieben, die jemand in der Gruppe kennt. Dann wird überlegt, welche zwei Jugendlichen mit einer dieser Personen Kontakt aufnehmen und ein sog. *Informationsgespräch* vereinbaren. In so einem i.d.R. 15-minütigen Gespräch „erforschen“ die Jugendlichen dann die Anforderungsbedingungen in der beruflichen Realität:

- Wie sieht die Tätigkeit tatsächlich aus? Was genau muss gemacht werden? Was gehört alles zu diesem Tätigkeitsfeld?
- Was sind positive Seiten der Tätigkeit, was ist aber auch nervig, störend etc.?
- Wie ist derjenige bzw. diejenige zu dieser Tätigkeit gekommen? Was ist erforderlich, um die Tätigkeit ausüben zu können?
- Welche Hinweise und Tipps hat derjenige bzw. diejenige für den Jugendlichen? Welche weiteren Kontakte kann er bzw. sie vermitteln?

Die Ergebnisse aus diesen Gesprächen werden strukturiert zusammengetragen und bilden dann die Grundlage dafür, einen systematischen Abgleich zwischen beruflichen Anforderungen und den persönlichen Stärken und Schwächen vorzunehmen.

Deutlich wird auch hier der Perspektivwechsel: In den Mittelpunkt wird zunächst die Person des Jugendlichen gestellt, mit all seinen Talenten, Visionen und Interessen, dies ist der Ausgangspunkt – und eben nicht die abstrakten Anforderungsprofile bestimmter Berufsbilder. Genau dies führt zu einer „Verflüssigung" der meist starren und negativ ausgeprägten Selbstbilder der Jugendlichen und bietet Raum für Selbstaktualisierung sowie eine Stärkung der Selbstwirksamkeit.

6. Den Rahmen gestalten: Von der Theorie zur Strategie

„Das ist ja alles schön und gut. Aber: Was sollen wir denn noch alles machen?“

(Lehrerin)

In den vorangegangenen Kapiteln wurden eine Vielzahl unterschiedlicher Ansätze und Verfahren vorgestellt. In unseren Fachtagen und Fortbildungen an Schulen und in sozialpädagogischen Institutionen machen wir immer wieder die Erfahrung, dass schnell ein Konsens über die grundsätzliche Sinnhaftigkeit und Notwendigkeit solcher Vorgehensweisen herrscht. Als Problem wird jedoch immer wieder die Umsetzbarkeit unter den jeweiligen Rahmenbedingungen gesehen – dies verdeutlicht das nebenstehende Zitat.

Andererseits handelt es sich bei den hier dargestellten Vorgehensweisen allesamt um praxiserprobte Konzepte. Hintergrund ist die Analyse von über 30 Projekten gewesen, in denen es gelungen ist, entsprechende Rahmenbedingungen zu schaffen, um in dieser Art und Weise zu arbeiten. Und es sei an dieser Stelle an Kapitel 1.5 zurückerinnert: Es geht nicht darum, in reinem Aktionismus alles umzusetzen und 25 Einzelmaßnahmen durchzuführen. Es geht vielmehr um die differenzierte Auswahl einzelner Verfahren, die dann zielgerichtet und aufeinander abgestimmt werden und so in den verschiedenen Teilsystemen ansetzen. Hieraus ergeben sich zwei Ansatzpunkte für die Umsetzung in die Praxis:

- Zum einen bedarf es der Entwicklung einer Gesamtstrategie, um Freiräume und Rahmenbedingungen für die hier dargestellten Präventions- und Interventionsansätze zu schaffen.
- Zum anderen bedarf es einer Vernetzung bereits vorhandener Angebote sowie einer Kooperation unterschiedlicher Akteure, insbesondere der Jugendhilfe und Schule – es müssen tragfähige Netzwerke aufgebaut werden.

Es handelt sich dabei um einen längerfristigen Prozess, in dem jede Schule eine eigene Strategie und ein eigenes Netzwerk entwickeln und aufbauen muss, welches zu den spezifischen Rahmenbedingungen passt und von möglichst allen Akteuren in dem System mitgetragen wird. Genau solche Prozesse initiieren und begleiten wir in unseren Fortbildungen. Die grundlegende Vorgehensweise soll nun zum Abschluss des Buches kurz dargestellt werden.

6.1 Schulischer Strategieprozess

Der Strategiebegriff stammt ursprünglich aus dem militärischen Bereich. Häufig wird in diesem Zusammenhang auf einen Satz zurückgegriffen, der dem preußischen Generalfeldmarschall Karl Bernhard von Moltke Ende des 19. Jahrhunderts zugeschrieben wird: Strategie ist die Fortbildung des ursprünglich leitenden Gedankens entsprechend den sich stets ändernden Verhältnissen (vgl. König/Volmer 2008, S. 407f.). Dieses Grundverständnis von Strategie herrschst bis heute vor: Es geht darum, nicht im operativen Tagesgeschäft befangen zu bleiben, sondern in wechselnden Situationen die „große Linie“ beizubehalten.

Inzwischen ist Strategieentwicklung zu einer klassischen Managementaufgabe in Betrieben und Organisationen geworden – und auch Schulen sollen zukünftig „gemanagt“, statt nur verwaltet werden, dies verdeutlicht das 2006 erstmals erschienene umfassende Handbuch zum Professionswissen Schulleitung von Herbert Buchen und Hans-Günter Rolff. Strategieentwicklung findet hier insbesondere im Rahmen der Schulentwicklung statt, die als „die alltägliche Wahrnehmung und Erfüllung des Unterrichts- und Erziehungsauftrags und zugleich als zukunfts- und strategieorientierte Aufgabe“ verstanden wird (Buchen 2006, S. 38).
Strategie lässt sich grundsätzlich als das Setzen langfristiger Ziele, die Zuteilung vorhandener und erwarteter Ressourcen und die Wahl zieladäquater Maßnahmen bezeichnen (Chandler 2003, S. 13). Hieraus ergeben sich folgende Kernfragen für den Strategieprozess:

- Welche langfristigen Ziele wollen wir verfolgen?
- Welches sind unsere Kernkompetenzen?
- Mit welchen langfristigen Maßnahmen wollen wir diese Ziele verfolgen?
- Was müssen wir tun, um unsere langfristigen Maßnahmen umzusetzen?

Der Erfolg einer Strategie hängt zudem entscheidend davon ab, inwieweit es gelingt, die betroffenen Personen (Schulleitung, Lehrkräfte, Kooperationspartner) aktiv in den Prozess einzubinden, sie zu „begeistern“ und zu motivieren. Darüber hinaus sind schulische Strategieprozesse immer auch das Ergebnis eines Dialogs zwischen den internen Bedürfnissen und den u.a. politischen Forderungen von außen. Solch ein Strategieprozess gliedert sich in folgende Teile:

- Die *Festlegung des Gegenstandsbereichs* der Strategie, d.h. es muss genau festgelegt werden, wofür die Strategie entwickelt werden soll, in diesem Fall beispielsweise für den Umgang mit schulmüden und schulverweigernden Jugendlichen.
- Die *IST-Analyse*, d.h. die Klärung der gegenwärtigen Situation, die bei der Erreichung langfristiger Ziele zu berücksichtigen ist. Dazu gehören die Klärung der gegenwärtigen Stärken und Schwächen, aber auch die sog. Stakeholderanalyse sowie die Analyse möglicher bzw. wahrscheinlicher Entwicklungen im Umfeld.
- Die *Vision und die zentralen strategischen Ziele*, auf die langfristig das Handeln ausgerichtet wird.
- Die *Umsetzung der Strategie,* d.h. die Festlegung von strategischen Schwerpunkten sowie die Planung und Durchführung strategischer Maßnahmen.

Der Prozess kann – nach der Festlegung des Gegenstandsbereichs – entweder mit der IST-Analyse oder mit der Vision beginnen. Beides hat Vor- und Nachteile (König/Volmer 2009, S. 169): Die IST-Analyse als erster Schritt bietet den Vorteil, die Ausgangssituation und bestehende Möglichkeiten zu verdeutlichen, hat aber auch den Nachteil, dass sich die Vision möglicherweise zu eng an der gegenwärtigen Situation orientiert. Beginnt der Strategieprozess mit der Vision, so bietet dies den Vorteil, dass die zukünftige positive Situation frei „fantasiert" werden kann. Ein möglicher Nachteil besteht allerdings darin, dass sich die Vision zu weit von der Realität entfernt und damit nicht mehr umsetzbar ist.

Vor dem Hintergrund der Erfahrungen in unseren Fortbildungen hat sich folgendes Vorgehen bewährt: Zunächst erfolgt ein Impulsvortrag, in dem die Kernergebnisse der hier aufbereiteten Studie präsentiert werden. Hierdurch erfolgt zum einen eine Festlegung des Gegenstandsbereichs, zum anderen wird eine IST-Analyse auf einer abstrakteren Ebene vorgenommen: Der Vortrag macht deutlich, was alles möglich wäre, d.h. er gibt einen ersten Rahmen vor. Im nächsten Schritt erfolgt die Entwicklung von Visionen, um so den – aus Sicht der PädagogInnen durchaus berechtigten – Klagen über die schlechten Rahmenbedingungen des Schul- und Bildungssystems nicht zu viel „destruktiven" Raum zu bieten – denn durch das Beklagen alleine werden keine Änderungen bewirkt. Die Auseinandersetzung mit diesen Rahmenbedingungen erfolgt dann erst im dritten Schritt (IST-Analyse), verbunden mit der Planung konkreter Aktionen.

Eine begriffliche Klärung sowie die Beschreibung zentraler Wirkungen von Visionen ist bereits in Kapitel 5.2.4 erfolgt. In ähnlicher Weise geht es auch hier darum, persönliche Visionen zu entwickeln, damit bei jedem bzw. jeder ein persönlicher Bezug zur Gesamtstrategie entsteht. Nur so kann echte Begeisterung und Motivation entstehen, der Motor für jede Veränderung.

(1) Bildung themenzentrierter Arbeitsgruppen

Das Kollegium teilt sich dafür in einem ersten Schritt in Kleingruppen von fünf bis acht Personen auf und jeder ordnet sich einem Teilbereich zu, der sie oder ihn besonders interessiert bzw. wo er oder sie bereits aktiv ist. Mögliche Teilbereiche sind:

- Ansätze im Kontext Familien-/Elternarbeit
- Ansätze im Kontext Schule und Unterricht
- Ansätze im Kontext der Peergruppen
- Ansätze im Bereich der Verzahnung und Vernetzung

(2) Brainstorming zum Einstieg

In diesen Gruppen werden zunächst mittels Brainstorming erste konkrete Handlungsideen gesammelt. Wichtig ist es hier, die Grundregeln des Brainstormings einzuhalten:

- Es kommt auf die Menge an!
- Freies Gedankenspiel ist willkommen!
- Kritik findet erst später statt!
- Verbesserungen und Kombinationen der Vorschläge sind erwünscht!

Durch diese Regeln und eine knappe Zeitvorgabe (15 Min.) soll eine all zu lange „rationale" Diskussion über den vorangegangenen Vortrag, die sonst unwillkürlich erfolgen würde, vermieden werden. Dennoch bietet das Brainstorming den Raum, Anmerkungen, Fragen und Kommentare, die die Personen noch beschäftigen, zu äußern und für eine spätere Diskussion zu sichern.

(3) Visualisierung der Vision

Im dritten Schritt erfolgt dann die Erstellung einer Vision: Es ist der _____ (HEUTE in 5 Jahren). Was ist in der Zwischenzeit alles passiert? Wie sieht der Bereich Familien-/Elternarbeit, Schule/Unterricht etc. heute (in 5 Jahren) konkret aus? Zu diesen Fragen erstellen die Gruppen ein Plakat, auf dem sie in Stichpunkten, Symbolen und kleinen bildlichen Szenen ihre Vision zum Ausdruck bringen.

Dieser Prozess verläuft in den Gruppen i.d.R. sehr unterschiedlich. Wichtig ist hier, zu Beginn verstärkt darauf zu achten, dass tatsächlich ein visionäres Denken erfolgt – ohne bereits die Machbarkeit bzw. Umsetzbarkeit zu diskutieren. Sinnvoll kann es sein, die Zeitvorgabe zu Beginn eher knapp zu bemessen (z. B. 45 Min.) und dann sukzessive zu verlängern. Dieser „Zeitdruck" zu Beginn verhindert langatmige Diskussionen. I.d.R. benötigt diese Phase mind. 90 Minuten.

(4) Austausch im Plenum

Abschließend erfolgt ein Austausch über die Visionen im Plenum, die Vision muss also kommunizierbar sein. Das Plenum kann bzw. soll Verständnisfragen stellen und neue Ideen einbringen. Aber auch hier gilt: Zunächst keine inhaltliche Diskussion über die Realisierbarkeit! Wir haben es häufig erlebt, dass spätestens nach der zweiten Gruppenpräsentation eine „ausgelassene" Stimmung herrscht, in der immer „verrücktere" Ideen entstehen und formuliert werden. Und genau hierum geht es: Begeisterung für und Spaß an Veränderungen zu entfachen.

IST-Analyse

Durch den Austausch in den Kleingruppen und im Plenum geschieht meist noch etwas anderes: Es werden plötzlich Ressourcen sichtbar, die in der Hektik des Tagesgeschäftes oft nicht wahrgenommen werden. Wir erleben in diesen Workshops häufig, dass bereits sehr viel in den einzelnen Bereichen getan wird, basierend auf dem Engagement einzelner Personen. Auf einmal sieht eine Lehrerin, dass sie Unterstützer im Kollegium für ihr Thema „Elternarbeit" hat, ein Lehrer bemerkt, dass sein Kollege bereits ein kleines Netzwerk in Eigenregie und auf der Basis persönlicher Kontakte aufgebaut hat, auf das er nun auch zugreifen kann etc.

Damit sind wir bei der IST-Analyse, die wiederum in den Kleingruppen stattfindet. Hier soll nun eine systematische Analyse vorhandener und fehlender Ressourcen vorgenommen werden:

- Was machen wir schon in dem Bereich? Welches Know-how liegt vor? Welches sind die zentralen Akteure und Experten in diesem Bereich, die eingebunden werden sollten?
- Was benötigen wir an zusätzlichem Wissen, zusätzlichen Methoden, persönlichen Einstellungen und Unterstützung?

Festlegung und Umsetzung der strategischen Maßnahmen

Vor diesem Hintergrund werden dann strategische Maßnahmen diskutiert und festgelegt:

- Wie lassen sich die vorhandenen Ressourcen systematisch für die Verwirklichung unserer Vision nutzen?
- Wie können wir uns die fehlenden Ressourcen verfügbar machen bzw. aneignen?

Ergebnis dieser Phase sollte ein Handlungsplan sein, in dem strategische Ziele (Haupt-, Neben- und Teilziele) sowie konkrete Schritte mit Zeiten und Verantwortlichkeiten festgeschrieben werden:

Nr.	WAS	WIE	WOMIT	WANN	WER	Bemerkungen
	Aktivität / Teilziel	*Konkrete Schritte*	*Notwendige Ressourcen*	*IST / SOLL*	*Verantwortliche/r*	

An dieser Stelle kann und sollte dann die kritische Diskussion der Rahmenbedingungen erfolgen:

- Welche Barrieren und Hindernisse wird es im Alltag geben, die uns die Umsetzung einzelner Schritte erschweren werden?
- Welche Barrieren und Widerstände bzw. Grenzen wird es im Umfeld geben, die uns an der Umsetzung einzelner Schritte hindern werden?
- Wie werden wir mit diesen „Stolpersteinen“ umgehen?

Als Moderatoren dieses Entwicklungsprozesses ist uns wichtig, verbindliche Verantwortlichkeiten und konkrete Kontrakte zu vereinbaren. Ob die Schritte tatsächlich umgesetzt werden, hängt letztlich davon ab, inwieweit es gelingt, einzelne Personen als sog. „Antreiber" zu installieren. Dies wird im Plenum mittels eines Kontraktes für alle sichtbar vereinbart, um Verbindlichkeiten zu erhöhen. Allerdings „hinterfragen" wir auch immer wieder das Engagement der Verantwortlichen:

- In welchen Bereichen sind Sie noch engagiert bzw. tragen die Verantwortung für Entwicklungen?
- Ist diese weitere Verantwortlichkeit wirklich trag- und leistbar für Sie?
- Auf Kosten welcher anderen Aktivitäten wird das Engagement in diesem Bereich gehen?
- Welche Unterstützung benötigen Sie von Ihren Kollegen und Vorgesetzten, um dieser Verantwortung gerecht zu werden?

Hierdurch wollen wir absichern, dass es letztlich zu einer „gemeinsam geteilten und getragenen Verantwortung" wird.

6.2 Vernetzung von Jugendhilfe und Schule

> „Wir machen ja schon vieles von dem Dargestellten. Aber: Unser Hauptproblem ist, dass es von den Schulen nicht nachgefragt und genutzt wird."
> (Projektmitarbeiterin)

Dieses Zitat aus Sicht der Jugendhilfe stellt eine Erwiderung auf die Aussage der Lehrerin zu Beginn dieses Kapitels dar – und zugleich ein klassisches Beispiel für eine Vielzahl von Diskussionen, die wir auf unseren Fachtagen geführt haben: LehrerInnen fühlen sich einerseits häufig überfordert, sozialpädagogische MitarbeiterInnen andererseits fühlen zu wenig Wertschätzung ihrer Arbeit. Hieran wird eine weitere zentrale Aufgabe im Umgang mit Schulverweigerung deutlich, die ebenfalls auf einer strukturellen Ebene liegt: Die effektive Vernetzung unterschiedlicher Angebote und Maßnahmen der Jugendhilfe und Schule – sowie der Einbezug unterschiedlicher Kompetenzen und Zugänge bzw. die Bildung multiprofessioneller Teams.

Im Grunde handelt es sich hierbei um ein bereits auf unterschiedlichen Ebenen sehr ausführlich diskutiertes, analysiertes und reflektiertes Problem. Neben einschlägigen Handbüchern zu diesem Thema (z. B. Hartnuß/Maykus 2004; Henschel u.a. 2008) liegen zahlreiche Stellungnahmen zur Notwendigkeit einer breiteren Zusammenarbeit von Jugendhilfe und Schule vor, u.a.: Deutsches Jugendinstitut (DJI), Deutsche Bundesarbeitsgemeinschaft Jugendsozialarbeit – Jugendaufbauwerk (BAG JAW), Kultusministerkonferenz (KMK) und Arbeitsgemeinschaft für Jugendhilfe (AGJ), Deutscher Verein für öffentliche und private Fürsorge, Jugendministerkonferenz, Arbeitsgemeinschaft der Obersten Landesjugendbehörden, Arbeitsgemeinschaft für Erziehungshilfe, Deutscher Bundesjugendring, Bundesarbeitsgemeinschaft der Landesjugendämter.

In der Praxis sind kooperative Formen der Zusammenarbeit, die auch tatsächlich als solche praktiziert werden, jedoch eher selten vorzufinden. So hat das DJI in seiner Studie über Schulkooperationen festgestellt, dass der Unterricht als das eigentliche Kerngeschäft von Schule durch die bisherigen Formen der Zusammenarbeit kaum tangiert wird (Behr-Heintze/Lipski 2005). Die Jugendhilfe wird von der Schule häufig funktionell wahrgenommen, um Betreuungszeiten abzudecken und Probleme zu beseitigen, die den Unterricht behindern – es handelt sich damit eher um eine additive Kooperation, in der beide Systeme unabhängig voneinander Inhalte und Vorgehensweisen festlegen. Nicht selten führt dies zu einem Hin- und Herschieben von Verantwortlichkeiten.

Gemeinsame Aufgabenfelder

Die Stellungnahmen stimmen alle darin überein, dass demgegenüber ein Entwicklungsprozess vom Nebeneinander zum Miteinander mit gegenseitiger Anerkennung und Wertschätzung notwendig ist – die prinzipielle Selbständigkeit der unterschiedlichen Institutionen gilt es dabei aber zu wahren (vgl. Krüger/Stange 2008). Die Zusammenarbeit erfolgt dann in Form einer breiten Palette von Aufgabenfeldern, exemplarisch seien einige konkrete Kooperationsmöglichkeiten im Kontext der Schulverweigerung und die damit verbundenen Anforderungen an die Akteure angeführt (vgl. Deutscher Verein für öffentliche und private Fürsorge 2001, S. 1167f.; Zusammenarbeit von Schule und Jugendhilfe 2004, S. 1136ff.):

(1) Freizeit- und interessengebundene Angebote als schulbezogene Angebote der Jugendarbeit

Sinnvoll ist hier die Entwicklung von gemeinsamen Förderangeboten auch außerhalb des Unterrichtes, in denen durch eine breite Nutzung der oft viel ganzheitlicheren, bunteren und offeneren Methoden, die für den Bereich außerschulischer Bildung und Erziehung charakteristisch sind, neue Chancen eröffnet werden: Schule könnte hierbei ohne festgelegte Zeitstrukturierungen und Rollenfestlegungen, ohne Leistungsbewertung und auf der Basis von Freiwilligkeit neue Arbeitsansätze verwirklichen, wie beispielsweise Projektunterricht, Arbeitsgemeinschaften, über den Unterricht hinausgehende Entfaltung schulischen Lebens, Kontaktaufnahmen zu relevanten Bereichen im Gemeinwesen, Aufsuchen außerschulischer Lernorte, Öffnung von Schule für außerschulische Veranstaltungen etc.

Von der Jugendhilfe könnten solche Aktivitäten als Unterstützung der Bemühungen um die in SGB VIII § 1 (4) geforderte Schaffung kinder- und familienfreundlicher Lebensbedingungen interpretiert werden.

(2) Übergang von Schule in den Beruf

Die Vorbereitung junger Menschen auf eine Berufsausbildung und den Eintritt in das Erwerbsleben sind zentrale Aufgaben der Schule und erfordert eine Intensivierung der Zusammenarbeit zwischen Schule, Arbeitsverwaltung, Wirtschaft sowie Kinder- und Jugendhilfe. Die schulbezogene Jugendsozialarbeit kann diese Vorbereitung auf die berufliche Ausbildung und die Arbeitswelt mit vielfältigen Hilfen bei der Berufsorientierung und der Berufsfindung insbesondere für schulmüde und schulverweigernde Jugendliche unterstützen. Die zahlreichen Projekte, die im Rahmen dieser Untersuchung analysiert worden sind, sind hierfür ein gutes Beispiel.

(3) Schulsozialarbeit und schulbezogene Angebote der Kinder- und Jugendhilfe

Schulsozialarbeit bietet als Regelangebot in sozialen Brennpunkten, insbesondere in Hauptschulen, ergänzende Unterstützung der erzieherischen Arbeit der Schule, wie beispielsweise frühzeitige Prävention und Intervention bei persönlichen und sozialen Konflikten. Wichtig ist dabei: Schulsozialarbeit soll direkt an der Schule, einem zentralen lebensweltlichen Ort der Kinder und Jugendlichen, stattfinden. Aber die rechtliche Unabhängigkeit von der Schulaufsicht muss gewährleistet sein.
Wichtig sind zudem eine stärkere Partizipation von SchülerInnen und Eltern, und die Implementierung ganzheitlicher Maßnahmen: Beratung und Einzelfallarbeit, Gruppenarbeit, Angebote offener Jugendarbeit (z. B. Freizeitangebote, Schülercafé oder Schülertreff), gemeinsame Veranstaltungen mit LehrerInnen, Elternarbeit, Stadtteilarbeit etc.

(4) Erzieherische Hilfen

Den Hintergrund schulischer Probleme bilden oft erzieherische Probleme bzw. Probleme in der Familie. Umgekehrt ist der Anlass, einen Antrag auf erzieherische Hilfen zu stellen, oft ein schulisches Problem, d.h. die Schule macht familiäre Probleme oft erst nach außen sichtbar. Zeitgemäße Jugendhilfe, insbesondere die Angebote und Träger im Rahmen der Hilfen zur Erziehung, sind auf eine stärkere Zusammenarbeit mit der Schule angewiesen. Ihr Auftrag, erzieherische Defizite abzubauen und die soziale Integration zu ermöglichen, kann nur mit der Schule erreicht werden.

Dabei muss die Schule dafür gewonnen werden, gemeinsam mit den Eltern und den unterstützenden Angeboten der Erziehungshilfe frühzeitig zusammenzuwirken mit dem Ziel, die betroffenen Kinder bzw. Jugendlichen in das Regelschulsystem zu integrieren. So sollten die Klassenlehrer möglichst in das Hilfeplanverfahren nach § 36 SGB VIII einbezogen, kontinuierlich informiert und bei Absprachen beteiligt werden.

Für die Mitarbeitenden der Erziehungshilfe muss es Standard sein, in allen Fällen, in denen es um die Betreuung schulpflichtiger Jugendlicher geht, sich regelmäßig (mindestens zweimal jährlich) mit der Schule abzusprechen. Die Mitarbeitenden der Erziehungshilfen müssen sich dabei den Schulen als Kooperationspartner offensiv anbieten und regelmäßig Kontakte zwischen allen Beteiligten und Verantwortlichen herstellen.

(5) Erziehungs-, Jugend- und Familienberatung

Gerade im Kontext der Schulverweigerung gibt es vielfältige Probleme, Verhaltensauffälligkeiten und Konflikte, die in den Zuständigkeitsbereich der Erziehungs-, Jugend- und Familienberatungsstellen des Kinder- und Jugendhilfesystems (SGB VIII § 28) fallen. Diese Arbeit könnte stärker als bisher unter dem Kooperationsaspekt von Schule und Jugendhilfe interpretiert werden, so dass eine gezielte psychodiagnostische Klärung, Beratung und therapeutische Hilfe angeboten werden könnte. Bewährte Möglichkeiten in der Zusammenarbeit zwischen Schulen und Erziehungs- und Familienberatungsstellen sind u.a.

- die Einladung von Fachkräften aus Erziehungsberatungs- und Familienberatungsstellen zu Informationsveranstaltungen für Eltern,
- das Angebot von Beratungsgesprächen in Räumen der Schule, z. B. an Elternsprechtagen,
- der Hinweis durch LehrerInnen, insbesondere BeratungslehrerInnen, dass Eltern die Möglichkeiten der Beratungsstellen nutzen können,

- die fachliche Beratung im Einzelfall für LehrerInnen durch Fachkräfte der Erziehungsberatungsstellen,
- gemeinsame Gespräche von Eltern, Kindern, Lehrpersonen und Beratern zur Erarbeitung von gemeinsam getragenen Lösungen, um so abgestimmte Formen der Interaktion zu fördern.

Bei der Kooperation sind dann grundsätzlich zwei Ebenen zu unterscheiden:

Formale Vernetzung

Zum einen ist eine strukturelle Verankerung der Zusammenarbeit auf der formalen Ebene notwendig. Hier spielen formale Zuständigkeiten und insbesondere auch rechtliche Aspekte eine große Rolle (Krüger/Stange 2008, S. 17). Die jeweils besonderen Strukturen von Schule und Jugendhilfe machen es jedoch unmöglich, an dieser Stelle konkrete Aussagen hierüber zu treffen. Schulrechtliche Regelungen sind verfassungsrechtlich ausschließlich der Länderkompetenz zugewiesen. Die jugendhilferechtlichen Vorgaben gehören zur so genannten konkurrierenden Gesetzgebung, d.h. die Länder sind zur Regelung befugt, soweit der Bund keine Regelung getroffen hat. Dies alles hat zur Folge, dass es 16 verschiedene Schulgesetze in Deutschland gibt, in denen Verpflichtungen zur Zusammenarbeit mit der Jugendhilfe zu suchen sind, so z. B. §25 Nds. Schulgesetz. Im Bereich der Jugendhilfe finden wir drei Vorschriften, die auf Schule verweisen; der § 81 SGB VIII enthält eine Verpflichtung zur Zusammenarbeit, die allerdings nur für die öffentlichen Jugendhilfeträger verbindlich ist, da dieser der Normadressat des Gesetzes ist. Der §11 Abs. 2 Nr. 3 (schulbezogene Jugendarbeit) und der § 13 Abs. 1 (schulbezogene Jugendsozialarbeit) gehören zu den Leistungsvorschriften des SGB VIII. Es handelt sich in beiden Fällen allerdings um Leistungen ohne subjektiven Rechtsanspruch. Landesausführungsgesetze können prinzipiell auch subjektive Rechtsansprüche in diesen Bereichen einräumen.

Beide Leistungsbereiche sind sowohl von freien Trägern als auch von öffentlichen Trägern erbringbar. Über die Rangfolge entscheidet das – wenn auch politisch wenig beachtete – Subsidiaritätsprinzip aus §4 SGB VIII. In der Praxis werden die beiden Leistungsbereiche als Rechtsgrund für die Einrichtung der Schulsozialarbeit betrachtet. Sie ist eine besondere Unterform der Zusammenarbeit von Schule und Jugendhilfe.

Zum anderen entscheidet die soziale Ebene über den Erfolg und die Qualität der tatsächlichen Umsetzung von Kooperationen im beruflichen Alltag: Denn letztlich handelt es sich um „personenbezogene Beziehungsgeflechte“, deren Kern die vertrauensvolle Kooperation autonomer, aber interdependenter Akteure ist. Diese Beziehung muss aus einer gegenseitigen Wertschätzung und Anerkennung der jeweiligen Kompetenzen bestehen. Tragfähige und gelebte Kooperationen hängen dabei meist von einzelnen Personen und deren Engagement ab, dies zeigen die analysierten Projekte deutlich. Sie entstehen nicht von heute auf morgen, sondern müssen sich entwickeln und erfordern gemeinsame Erfahrungen bzw. Erfolgserlebnisse. Ein Beispiel hierfür ist der langjährige persönliche Kontakt zum örtlichen Bereichsleiter der Polizei, von dem eine Schule berichtet: „Wir arbeiten eng mit der Polizei zusammen... Der Bereichsleiter der Polizei ist bei uns oft im Haus, auch bei Schulfesten kommt der immer und brät z. B. Würstchen. Dadurch ist er ein vertrauter Partner. Die Schüler sehen ihn auch als Partner an... Die haben gar keine Angst, die wissen auch, dass die Polizei auch Problemlöser ist. Die wenden sich auch an die Polizei und sagen: ‚Mir ist das und das passiert und was kann ich da machen?’. Die wissen auch, dass die nicht gleich angezeigt werden. Da gilt unser Motto ‚Erziehen und nicht strafen’. das funktioniert aber nur, weil wir diesen persönlichen Kontakt haben. Man könnte das natürlich auch Kooperation nennen“ (Lehrer).

Erste gemeinsame Erfahrungen und Entwicklungen können auch hier im Rahmen eines Strategieprozesses initiiert und begleitet werden. Der Ablauf ist der gleiche wie im vorangegangenen Kapitel dargestellt, lediglich die Teilnehmenden sind andere: Akteure im Kontext „Schulverweigerung“ stammen aus unterschiedlichen Institutionen und Einrichtungen, Beratungsstellen, Ämtern und Behörden. Die Arbeit in thematischen Kleingruppen bringt die Akteure zusammen, die gemeinsame Interessen verfolgen. Die Entwicklung einer gemeinsamen Vision erzeugt Begeisterung und Motivation – und eine erste emotionale Bindung zwischen den Akteuren. Die sich anschließende Festlegung strategischer Schritte regelt die formale und informelle Gestaltung der Schnittstellen zwischen den unterschiedlichen Institutionen, Beratungsstellen und Behörden. Es werden gemeinsame Leitziele formuliert und eine Gesamtstrategie zur konkreten Umsetzung entwickelt. Dies ist die zentrale Basis, um Angebote und Konzeptionen langfristig inhaltlich abzustimmen und weiterzuentwickeln.

Lokale Kooperationen und Vernetzungen oder auch „Bildungslandschaften“, wie sie derzeit im Förderprogramm „Lernen vor Ort“ im Rahmen eines kohärenten Bildungsmanagements vielerorts aufgebaut werden (*www.lernen-vor-ort.info*), lassen sich nicht verordnen, sie müssen in konkreten Handlungskontexten in einem Prozess der Zusammenarbeit entstehen. Das Problem der Schulmüdigkeit und Schulverweigerung bietet hierfür einen „passenden“ Anlass, da hier die Notwendigkeit und der Sinn der Zusammenarbeit für alle Akteure offensichtlich werden.

Dieses Buch soll für solche Prozesse Impulse und Anregungen, gerne auch Reibungspunkte liefern. Es ist als Basis für gemeinsame Fortbildungen, Fachtage und Runde Tische gedacht sowie als Nachschlagewerk für die tägliche Arbeit. Entscheidend für einen erfolgreichen Umgang mit schulmüden Jugendlichen und Schulverweigerern sind jedoch letztlich die konkreten Umsetzungsstrategien vor Ort, die jeweils anders aussehen werden. Für diesen Transfer und Entwicklungsprozess wünschen mein Team und ich Ihnen viel Erfolg!

Literaturverzeichnis

Andersen, T. (1996): Das Reflektierende Team: Dialoge und Dialoge über die Dialoge. Dortmund, 4. Aufl.

Appel, E./Kleiber, D. (2003): Auswirkungen eines Peer-Education-Programms zu Liebe, Sexualität und Schwangerschaftsverhütung auf Multiplikatorinnen und Multiplikatoren sowie Adressatinnen und Adressaten. In: Nörber, M. (Hrsg.): Peer-Education. Bildung und Erziehung von Gleichaltrigen durch Gleichaltrige. Weinheim, S. 336-359

Armbruster, M.M. (2006): Eltern-AG. Das Empowermentprogramm für mehr Elternkompetenz in Problemfamilien. Heidelberg

Bandler, R./Grinder, J. (2002): Neue Wege der Kurzzeittherapie. Paderborn, 13. Aufl.

Bandura, A. (1979): Sozial-kognitive Lerntheorie. Stuttgart

Bauer, C./Hegemann, T. (2008): Ich schaffs! - Cool ans Ziel: Das lösungsorientierte Programm für die Arbeit mit Jugendlichen. Heidelberg

Behr-Heintze, A./Lipski, J. (2005): Schulkooperationen: Stand und Perspektiven der Zusammenarbeit zwischen Schulen und ihren Partnern. Forschungsbericht des DJI. Schwalbach/Ts.

Bennack, J. (2004): Schulaufgabe: Unterricht. Zeitgemäß unterrichten können. Weinheim,3. Aufl.

Bolles, R.N. (2002): Durchstarten zum Traumjob. Das Handbuch für Ein-, Um- und Aufsteiger. Frankfurt am Main/New York

Bolles, R.N./Figler, H. (1999): The Career Counselors`s Handbook, Berkeley

Bolles, R.N./Leitner, M. (2007): Durchstarten zum Traumjob - Das Workbook. Frankfurt a.M./New York, 3. Aufl.

Borg-Laufs, M./Hungerige, H. (2005): Selbstmanagementtherapie mit Kindern. Ein Praxishandbuch. Stuttgart

Blanchard, K./Carlos, J.P./Randolph, A. (1998): Empowerment takes more than a minute. Berkely

Blanchard, K./Stoner, J. (2004): Full Steam Ahead - Volle Kraft voraus. Offenbach

Blank, T. u.a. (2003): MPI/Schulbefragung 1999/2000 - Skalendokumentation. Technischer Bericht Nr. 2. Max-Planck-Institut für ausländisches und internationales Strafrecht. Freiburg i. Br.

Braun, F. (2004): Präventionsansätze in der Bildungsförderung sozial benachteiligter Jugendlicher im Übergang von der Schule in den Beruf - Ansätze der Schulsozialarbeit und der Jugendsozialarbeit. Expertise für den 8. Kinder- und Jugendbericht Nordrhein-Westfalen

Brettfeld, K. u.a. (2003): Schulschwänzen Jugendlicher: Ansatzpunkt für Prävention und Intervention in der sozialen Arbeit? Ergebnisse einer vergleichenden Studie in Leipzig und anderen Städten. In: Fabian, T./Schweikart, R. (Hrsg.): Brennpunkte der sozialen Arbeit. Münster, S. 265-306

Brüggemann, T./Knierim, B. (2008): KompetenzChecks. Daten, Konzepte und Impulse zur Berufsorientierung am Beispiel des Instrumentarium „Kompetenzcheck Ausbildung NRW“. Münster, 2. Aufl.

Buchen, H. (2006): Schule managen - statt nur verwalten. In: Buchen, H./Rolff, H.-G.: Professionswissen Schulleitung. Weinheim, S. 12-101
Buchen, H./Rolff, H.-G. (2006): Professionswissen Schulleitung. Weinheim
Bührmann, T. (2009a): Kompetenzbilanzierung in pädagogischen Prozessen - Hintergründe, Verfahren, Potenziale und Grenzen. In: Der pädagogische Blick - Zeitschrift für Wissenschaft und Praxis in pädagogischen Berufen. 17. Jg, 3/2009, S. 132-146
Bührmann, T. (2009b): Kompetenzcheck Ausbildung NRW - Potentiale und Grenzen eines Instruments der Kompetenzfeststellung. In: Marx, B./Preißer, R. (Hrsg.): Die Quadratur des Kreises. Feststellung von Kompetenzen benachteiligter Jugendlicher in der Diskussion. Paderborn/Freiburg, S. 144-181
Bührmann, T. u.a. (2008): Mit SCHuB in die Ausbildung - Erfolgreiches Management des Übergangs von der Hauptschule in den Betrieb. Borchen

Chandler, A.D. (2003): Strategy and Structure. Washington
Christe, G. (2009): Der Übergang Schule - Beruf: Arbeitsmarkt und Dropout-Risiko bei Jugendlichen. In: Ricking, H. u.a. (Hrsg.): Schulabsentismus und Dropout. Erscheinungsformen - Erklärungsansätze - Intervention. Paderborn, S. 74-94

Deutscher Verein für öffentliche und private Fürsorge (2001/2004): Weiterentwickelte Empfehlung und Arbeitshilfe für den Ausbau und die Verbesserung der Zusammenarbeit der Kinder- und Jugendhilfe mit der Schule. In: Hartnuß, B./ Maykus, S. (Hrsg.): Handbuch Kooperation von Jugendhilfe und Schule. Freiburg, S. 1142-1177
Dilts, R.B. (1993): Die Veränderung von Glaubenssystemen. Paderborn
Dreikurs, R. (1995): Selbstbewußt: Die Psychologie eines Lebensgefühls. Stuttgart
Dreikurs, R. (1951): Understanding the Child - a manual for teachers. Chicago
Dreikurs, R./Dinkmeyer, D. (2004): Ermutigung als Lernhilfe. Stuttgart
Dreikurs, R. u.a. (2007/2003): Lehrer und Schüler lösen Disziplinprobleme. Weinheim, 8. Aufl.
Dunkake, I.: Die Entstehung der Schulpflicht, die Geschichte der Absentismusforschung und Schulschwänzen als abweichendes Verhalten. In: Wagner, M. (Hrsg.): Schulabsentismus - Soziologische Analysen zum Einfluss von Familie, Schule und Freundeskreis. Weinheim und München 2007, S. 13-36

Elliot, D.S. u.a. (1979): Explaining Delinquency an Drug Use. Beverly Hills
Ellis, A. (2008): Grundlagen und Methoden der Rational-Emotiven Verhaltenstherapie. Stuttgart, 2. Aufl.
Engel, U./Hurrelmann, K. (1998): Was Jugendliche wagen. Eine Längsschnittstudie über Drogenkonsum, Stressreaktionen und Delinquenz im Jugendalter. Weinheim
Epiktet (1984): Handbüchlein der Moral und Unterredungen. Stuttgart
Everett, S./Steindorf, L.C. (2004): Frieden lernen - Das Praxishandbuch für ein positives Schulklima. Berlin

Faller, K. u.a. (2007): Das Buddy-Prinzip: Soziales Lernen mit Prinzip. Düsseldorf
Faltermeyer, J. u.a. (2006): Schulverweigerung - jetzt handeln. Konzepte und Strategien für Jugendhilfe, Schule und Politik. Frankfurt
Fisch, R. u.a. (1996): Strategien der Veränderung. Systemische Kurzzeittherapie. Stuttgart , 3. Aufl.
Frie, P. (2006): Elternhaus und Schule: Wie Eltern Schule mitgestalten können. Ein Handbuch für Lehrer und Eltern. Mülheim
Frings, R. (2007): Schulschwänzen und Delinquenz. In: Wagner, M. (Hrsg.): Schulabsentismus - Soziologische Analysen zum Einfluss von Familie, Schule und Freundeskreis. Weinheim und München, S. 201-238
Fromm, E.E. (1956): The Art of Loving. New York

Gallschütz, Ch./Puhr, K. (2004): Schulabsentismus als individuelle Strategie zur Bewältigung von Problemlagen. In: Herz, B. u.a. (Hrsg.): Problem Schulabsentismus. Wege zurück in die Schule. Bad Heilbrunn, S. 121-133
Glinka, H.-J. u.a. (2006): Schulverweigerung - Anregungen für Forschung. Aus- und Weiterbildung. Band 4 aus der Reihe Coole Schule: Lust statt Frust am Lernen. Frankfurt
Gordon, T. (2004): Lehrer-Schüler-Konferenz. Wie man Konflikte in der Schule löst. München, 17. Aufl.
Gordon, T. (2003): Managerkonferenz. München, 18. Aufl.
Graf, G. (2006): Auftragsklärung im System Schule. In: Balgo, R./Lindemann, H. (Hrsg.): Theorie und Praxis systemischer Pädagogik. Heidelberg, S. 86-102
Grochowiak, K. (1995): Das NLP Practitioner Handbuch. Paderborn
Grünke, M. (2009): Zur Wiksamkeit rational-emotiver Erziehung bei Schulabsentismus. In: Ricking, H. u.a. (Hrsg.): Schulabsentismus und Dropout. Erscheinungsformen - Erklärungsansätze - Intervention.
Paderborn, S. 234-248
Grünke, M. (2008): Rational-emotive Erziehung. In: Julius, H./Gasteiger-Klicpera (Hrsg.): Handbuch der Pädagogik und Psychologie bei Behinderungen: Förderschwerpunkt soziale und emotionale Entwicklung. Göttingen, S. 486-496

Hammer, K. u.a. (2009): Leitfaden Berufsorientierung: Praxishandbuch zur qualitätszentrierten Berufs- und Studienorientierung an Schulen. Bielefeld
Hanke, O. (2005): Erziehen: Handlungsrezepte für den Schulalltag in der Sekundarstufe: Die Kraft der Klasse fördern. Berlin
Hansbauer, P. u.a. (2007): Zwischenbericht zum Modellprojekt: Implementation und Evaluation von „Familiy Group Conference (FGC)“ - Konzepten. Ein Instrument zur Förderung von mehr Partizipation und Gemeinwesenorientierung bei der Planung von Hilfen. Erstellt von der Internationalen Gesellschaft für erzieherische Hilfen e.V. und dem Fachbereich Sozialwesen der Fachhochschule Münster
Hart, R.A. (1997): Children‘s Participation. New York
Hartnuß, B./Maykus, S. (Hrsg.) (2004): Handbuch Kooperation von Jugendhilfe und Schule. Freiburg
Henschel, A. u.a. (Hrsg.) (2008): Jugendhilfe und Schule: Handbuch für eine gelingende Kooperation. Wiesbaden

Herriger, N. (2006): Empowerment in der Sozialen Arbeit: Eine Einführung. Stuttgart, 3. Aufl.

Herz, B.: Von den Hilfen zur Erziehung zur Kinder- und Jugendpsychiatrie? In: Herz, B. u.a. (Hrsg.): Problem Schulabsentismus. Wege zurück in die Schule. Bad Heilbrunn 2004, S. 53-76

Holtappels, H.G. u.a. (Hrsg.) (2009): Forschung über Gewalt an Schulen. Erscheinungsformen und Ursachen, Konzepte und Prävention. Weinheim, 5. Aufl.

Hubrig, Ch./Herrmann, P. (2007): Lösungen in der Schule. Systemisches Denken in Unterricht, Beratung und Schulentwicklung. Heidelberg, 2. Aufl.

Janan, M. (2008): Das Anti-Mobbing-Buch: Gewalt an der Schule - vorbeugen, erkennen, handeln. Weinheim

Kaestner, M. (2003): Peer-Education - ein sozialpädagogischer Ansatz. In: Nörber, M. (Hrsg.): Peer-Education. Bildung und Erziehung von Gleichaltrigen durch Gleichaltrige. Weinheim, S. 50-64

Kahl, R. (2004): Treibhäuser der Zukunft. Wie in Deutschland Schulen gelingen. Weinheim

Kahr, C. (2003): Orientierungspunkte für Peer-Education-Projekte. In: Nörber, M. (Hrsg.): Peer-Education. Bildung und Erziehung von Gleichaltrigen durch Gleichaltrige. Weinheim, S. 368-383

Kanfer, F.H. u.a. (2005): Selbstmanagement-Therapie: Ein Lehrbuch für die klinische Praxis. Berlin, 4. Aufl.

Kastirke, N./Ricking, H. (2004): Involvement bei schulaversivem Verhalten. In: Wittrock, M./Lütgenau, B. (Hrsg.): Wege zur Partizipation. Oldenburg (Universitätsverlag), S. 229-249

Kiy, M. (2009): Den Bock zum Gärtner machen?! Empowerment-Konzepte bei Schulabsentismus. In: Ricking, H. u.a. (Hrsg.): Schulabsentismus und Dropout. Erscheinungsformen - Erklärungsansätze - Intervention. Paderborn, S. 249-258

Kiy, M./Schulze, G. (2004): Empowerment-Konzepte als elternzentrierte Angebote bei drohendem Schulabsentismus. In: Herz, B. u.a. (Hrsg.): Problem Schulabsentismus. Wege zurück in die Schule. Bad Heilbrunn, S. 149-161

Knaus, W.J. (1983): Rational-emotive Erziehung: Ein Leitfaden für Lehrer zur Anwendung im Schulunterricht. Köln

Knaus, W.J. (1977): Rational-emotive education. Theory into practice 16, S. 251-255

Koch, B./Kortenbusch, J. (2009): Anschlussorientierte Kompetenzfeststellung und -förderung. In: Koch, B./Kortenbusch, J. (Hrsg.): Individuell fördern in der Berufs- und Studienorientierung. Eine Handreichung für Lehrerinnen und Lehrer in Nordrhein-Westfalen. Heft 8

König, E./Volmer, G. (2009): Handbuch Systemisches Coaching. Weinheim

König, E./Volmer, G. (2008): Handbuch Systemische Organisationsberatung. Weinheim

König, E. u.a. (2004): Systemisch denken und handeln: Personale Systemtheorie in Erwachsenenbildung und Organisationsberatung. Weinheim

Kommission der Europäischen Gemeinschaften (2007): Wissen, Kreativität und Innovation durch lebenslanges Lernen. Brüssel

Konsortium Bildungsberichterstattung (2006): Bildung in Deutschland. Ein indikatorengestützter Bericht mit einer Analyse zur Bildung und Migration. Bielefeld

Kowalczyk, W./Ottich, K. (2004a): Erziehen: Handlungsrezepte für den Schulalltag in der Sekundarstufe: Die Selbstdisziplin stärken - das Klassenklima entwickeln. Berlin

Kowalczyk, W./Ottich, K. (2004b): Handlungsrezepte für den Schulalltag in der Sekundarstufe: Respektvoller Umgang miteinander. Berlin

Krappmann, L. (2006): Kindheit ohne Freundschaft? - Neue Aufgaben für die Schule. In: Opp, G. u.a. (Hrsg.): Kindern gerecht werden. Bad Heilbrunn, S. 221-235

Krappmann, L. (1998): Sozialisation in der Gruppe der Gleichaltrigen. In: Hurrelmann, K./Ulich, D. (Hrsg.): Handbuch der Sozialisationsforschung. Weinheim, S. 355-374

Krüger, R./Stange, W. (2008): Kooperation von Schule und Jugendhilfe: die Gesamtstruktur. In: Henschel, A. u.a. (Hrsg.): Jugendhilfe und Schule: Handbuch für eine gelingende Kooperation. Wiesbaden, S. 13-22

Landeskommission Berlin gegen Gewalt (2004): Empfehlungen der von der Landesgruppe Berlin gegen Gewalt eingesetzten Arbeitsgruppe „Schuldistanz" zum Umgang mit Schuldistanz. Berlin

Lauer, A. (1998): Schwierige Schüler fordern schwierige Erzieher. In: Süddeutsche Zeitung, Nr. 6

Lewin, K. (1947): Frontiers in Group Dynamics. In: Human Relations 1/1947, S. 5-41

Lösel, F./Bliesener, T. (2003): Aggression und Delinquenz unter Jugendlichen. Untersuchung von kognitiven und sozialen Bedingungen. Neuwied

Lütgenau, B. (2004): Peer-Involvement als präventive und interventive Strategie um Unterrichtsabsentismus zu begegnen - mögliche Formen und theoretische Begründungen. In: Herz, B. u.a. (Hrsg.): Problem Schulabsentismus. Wege zurück in die Schule. Bad Heilbrunn, S. 255-271

Ministerium für Arbeit, Gesundheit und Soziales des Landes Nordrhein-Westfalen (MAGS) (Hrsg.) (2006): Kompetenzcheck Ausbildung NRW. Instrumente zur Kompetenzfeststellung. Düsseldorf

Marx, B./Preißer, R. (Hrsg.) (2009): Die Quadratur des Kreises. Feststellung von Kompetenzen benachteiligter Jugendlicher in der Diskussion. Paderborn/Freiburg

Melzer, W. u.a. (1998): Schulkultur und ihre Auswirkung auf Gewalt. In: Forschungsgruppe Schulevaluation (Hrsg.): Gewalt als soziales Problem in Schulen. Opladen, S. 189-219

Michel, A. (2007): Wie kann der Schulausstieg verhindert werden? In: Hofmann-Lun, I. u.a.: Schulabbrüche und Ausbildungslosigkeit - Strategien und Methoden zur Prävention. München 2007, S. 22

Ministerium für Schule und Weiterbildung des Landes Nordrhein-Westfalen (2008): Arbeitsverhalten und Sozialverhalten in Zeugnissen. Handreichung. Düsseldorf

Mutzeck, W. u.a. (Hrsg.) (2004): Umgang mit Schulverweigerung. Weinheim

Nissen, G. (2002): Seelische Störungen bei Kindern und Jugendlichen. Alters- und entwicklungsunabhängige Symptomatik und ihre Behandlung. Stuttgart
Nörber, M. (Hrsg.) (2003a): Peer-Education. Bildung und Erziehung von Gleichaltrigen durch Gleichaltrige. Weinheim
Nörber, M. (2003b): Peer-Education - ein Bildungs- und Erziehungsangebot? Zur Praxis von Peer-Education in Jugendarbeit und Schule. In: Nörber, M. (Hrsg.): Peer-Education. Bildung und Erziehung von Gleichaltrigen durch Gleichaltrige. Weinheim, S. 79-93

Oberwittler, D. u.a. (2001): Soziale Lebenslagen und Delinquenz von Jugendlichen: Ergebnisse der MPI-Schülerbefragung 1999 in Freiburg und Köln. Freiburg i. Breisgau, als Arbeitsbericht auf den Internetseiten des Max-Planck-Instituts für ausländisches und internationales Strafrecht einsehbar: www.mpicc.de
O'Connor, J./McDermott, I. (2006): Die Lösung lauert überall: Systemisches Denken verstehen und nutzen. Freiburg, 4. Aufl.
Oelsner, W. (2008): Schulverweigerung hat viele Gründe - Schulabsentismus aus der Sicht von Kinderpsychiatrie und -psychotherapie. In: Thema Jugend 3/2008, S. 6-8
Olweus, D. (2006): Gewalt in der Schule. Was Lehrer und Eltern wissen sollten - und tun können. Bern, 4. Aufl.
Opp, G./Teichmann, J. (Hrsg.) (2008a): Positive Peerkultur. Best Practices in Deutschland. Bad Heilbrunn
Opp, G./Teichmann, J. (Hrsg.) (2008b): Grundlegende Gedanken zum Thema Positive Peerkultur. In: Opp, G. /Teichmann, J. (Hrsg.): Positive Peerkultur. Best Practices in Deutschland. Bad Heilbrunn, S. 15-29
Opp, G./Unger, N. (2006): Kinder stärken Kinder. Positive Peer Culture in der Praxis

Patterson, G.R. u.a. (1992): Antisocial Boys. Eugene, Or.
Penn, P. (1986): Feed forward - Vorwärtskopplung, Zukunftsfragen, Zukunftspläne. In: Familiendynamik II (3), S. 206-220
Pestalozzi, J.H. (1932): Stanser Brief. In: Buchenau, A. u.a. (Hrsg.). Pestalozzi - Sämtliche Werke. Berlin und Leipzig, Band 13, S. 2-32

Rademacher, B. (2004): Eltern und Lehrer in konstruktiver Zusammenarbeit. Frankfurt
Rappaport, Julian/Hess, Robert (Hrsg.) (1984): Studies in Empowerment: Steps Toward Understanding and Action. New York
Rappaport, J. (1977): Community Psychology: Values, Research, and Action. New York
Reinberg, A./Hummel, M. (2007a): Der Trend bleibt - Geringqualifizierte sind häufiger arbeitslos. IAB-Kurzbericht Nr. 18, Nürnberg: Institut für Arbeitsmarkt- und Berufsforschung

Reinberg, A./Hummel, M. (2007b): Qualifikationsspezifische Arbeitslosigkeit im Jahr 2005 und die Einführung der Hartz-IV-Reform. Empirische Befunde und methodische Probleme. IAB-Forschungsbericht Nr. 9, Nürnberg: Institut für Arbeitsmarkt- und Berufsforschung

Renoldner, C. u.a. (2007): Einfach systemisch! Systemische Grundlagen & Methoden für ihre pädagogische Arbeit. Münster

Ricking, H. (2003): Schulabsentismus als Forschungsgegenstand. Oldenburg

Ricking, H./Neukäter, H. (1997): Schulabsentismus als Forschungsgegenstand. In: Heilpädagogische Forschung 23, S. 50-70

Ricking, H. u.a. (2009): Schulabsentismus und Dropout: Strukturen eines Forschungsfeldes. In: Ricking, H. u.a. (Hrsg.): Schulabsentismus und Dropout. Erscheinungsformen - Erklärungsansätze - Intervention. Paderborn, S. 13-48

Rogers, C.R. (2008): Entwicklung der Persönlichkeit. Stuttgart, 17. Aufl., urspr. 1961

Rogers, C.R. (2004): Therapeut und Klient: Grundlagen der Gesprächspsychotherapie. Frankfurt a.M., 18. Aufl.

Rogers, C.R. (1994): Die Kraft des Guten. Ein Appell zur Selbstverwirklichung. Frankfurt a.M., urspr. 1977

Rogers, C.R. (1985): Die nicht direktive Beratung. Frankfurt a.M., 12. Aufl, urspr. 1942

Rogers, C.R. (1983): Die klientenzentrierte Gesprächspsychotherapie. Frankfurt a.M., 18. Aufl., urspr. 1959

Rogers, C.R./Schmid, P. (2004): Person-zentriert. Grundlagen von Theorie und Praxis. Mainz, 4. Aufl.

Samjeske, K. (2007): Der Einfluss der Peers auf Schulverweigerung. In: Wagner, M. (Hrsg.): Schulabsentismus. Soziologische Analysen zum Einfluss von Familie, Schule und Freundeskreis. Weinheim und München, S. 177-200

Satir, V. (2009): Selbstwert und Kommunikation. Familientherapie für Berater und zur Selbsthilfe. Stuttgart, 18. Aufl.

Satir, V. (1996): Kommunikation. Selbstwert. Kongruenz Paderborn, 5. Aufl.

Schreiber-Kittl, M. /Schröpfer, H. (2002): Abgeschrieben? Ergebnisse einer empirischen Untersuchung über Schulverweigerer. München

Schreiber-Kittl, M. (2001): Alles Versager? Schulverweigerung im Urteil von Experten. Forschungsbericht. München/Leipzig

Schuler, H. (2000): Psychologische Personalauswahl: Einführung in die Berufseignungsdiagnostik. Göttingen, 3. Aufl.

Schultz, A.-K. (2009): Kooperation von Lehrkräften und Eltern bei Schulabsentismus. In: Ricking, H. u.a. (Hrsg.): Schulabsentismus und Dropout. Erscheinungsformen - Erklärungsansätze - Intervention. Paderborn, S. 277-290

Seiwert, L. (2000): Wenn Du es eilig hast, gehe langsam. Das neue Zeitmanagement in einer beschleunigten Welt. Frankfurt a.M.

Stark, W. (2007): Beratung und Empowerment - empowerment-orientierte Beratung? In: Nestmann u.a. (Hrsg.): Das Handbuch der Beratung. Band 1 Disziplinen und Zugänge, Tübingen, 2. Aufl., S. 535-546

Straub, U. (2005): Family Group Conference. Radikales Empowerment in der Kinder- und Jugendhilfe. In: Sozial Extra 5/2005, S. 37-41

Sturzbecher, D./Freytag, R. (1997): „Für das Leben lernen?" - Schulzufriedenheit in Brandenburg. In: Sturzbecher, D. (Hrsg.): Jugend und Gewalt in Ostdeutschland. Göttingen, S. 113-142

Tausch, R./Tausch A.-M. (1990): Gesprächspsychotherapie, Göttingen, 9. Aufl.

Theunissen, G. (2008): Empowerment und Inklusion behinderter Menschen: Eine Einführung in Heilpädagogik und Soziale Arbeit. Freiburg i. Breisgau, 2. Aufl.

Theunissen, G./Plaute, W. (2003): Handbuch Empowerment und Heilpädagogik. Freiburg i. Breisgau

Thimm, K. (2008): Wenn Schüler wiederholt fehlen - Schulabsentismus im Überblick. In: Thema Jugend - Zeitschrift für Jugendschutz und Erziehung. Heft 3/2008, S. 2-5

Thimm, K. (2000): Schulverweigerung. Zur Begründung eines neuen Verhältnisses von Sozialpädagogik und Schule. Münster

Thimm, K. (o.J.): Handlungshilfe für Lehrkräfte im pädagogischen Umgang mit Schulschwänzer/innen in der Sekundarstufe I. Materialien der Landeskooperationsstelle Schule-Jugendhilfe Brandenburg, www.kobranet.de

Völzke, R. (2007): TalentKompass NRW - Fähigkeiten und Interessen erkennen und einsetzen. In: Erpenbeck, J./Rosenstiel, L. von: Handbuch Kompetenzmessung: Erkennen, verstehen und bewerten von Kompetenzen in der betrieblichen, pädagogischen und psychologischen Praxis. Stuttgart, 2. Aufl., S. 439-458

Vorrath, H.H./Brendtro, L.K. (1985): Positive Peer Culture. New York, 2. Aufl.

Wagner, M. (Hrsg.) (2004): Schulabsentismus. Soziologische Analysen zum Einfluss von Familie, Schule und Freundeskreis. Weinheim und München

Wagner, M. u.a. (2004): Schulverweigerung. Empirische Analysen zum abweichenden Verhalten von Schülern. In: Kölner Zeitschrift für Soziologie und Sozialpsychologie 56, S. 457-489

Walter, D. u.a. (2007): Grundlagen der Selbstmanagementtherapie bei Jugendlichen: SELBST - Therapieprogramm für Jugendliche mit Selbstwert, Leistungs- und Beziehungsstörungen. Göttingen

Watzlawick, P. u.a. (2009): Lösungen. Zur Theorie und Praxis menschlichen Wandels. Bern, 7. Aufl., urspr. 1974

Weinberger, S. (2008): Klientenzentrierte Gesprächsführung. Lern- und Praxisanleitung für psychosoziale Berufe. Weinheim und München, 12. Aufl.

Weiß, B. (2007): Wer schwänzt wie häufig die Schule? In: Wagner, M. (Hrsg.): Schulabsentismus - Soziologische Analysen zum Einfluss von Familie, Schule und Freundeskreis. Weinheim, S. 37-56

Weißbrodt, T. (2007): Schulische Determinanten der Schulverweigerung - Befunde aus der PISA-Befragung. In: Wagner, M. (Hrsg.): Schulabsentismus - Soziologische Analysen zum Einfluss von Familie, Schule und Freundeskreis. Weinheim und München, S. 85-104

Wetzels, P. u.a. (2000): Gewalterfahrungen, Schulschwänzen und delinquentes Verhalten Jugendlicher in Rostock. Abschlußbericht über die Ergebnisse einer repräsentativen Befragung von Schülerinnen und Schülern der 9. Jahrgangsstufe. Rostock

Wilmers, N. u.a. (2002): Jugendliche in Deutschland zur Jahrtausendwende: Gefährlich oder gefährdet? Ergebnisse wiederholter, repräsentativer Dunkelfelduntersuchungen zu Gewalt und Kriminalität im Leben junger Menschen 1998 - 2000. Wiesbaden

Zusammenarbeit von Schule und Jugendhilfe (2004): Bericht über gemeinsame Beratungen von Kultusministerkonferenz (KMK) u. Arbeitsgemeinschaft für Jugendhilfe (AGJ). In: Hartnuß, B./Maykus, S. (Hrsg.): Handbuch Kooperation von Jugendhilfe und Schule. Freiburg, S. 1135-1141